Silvia Hadem-Staab/Bernd Paulus/Simone Sichert/
Michaela Ströbel-Langer/Johannes Wirsing

Mit welchen Schuhen gehst du?

Bibliodramatische Methoden im Religionsunterricht

Vandenhoeck & Ruprecht

Mit 25 Abbildungen

Bibliografische Information der Deutschen Nationalbibliothek:
Die Deutsche Nationalbibliothek verzeichnet diese Publikation in der
Deutschen Nationalbibliografie; detaillierte bibliografische Daten sind
im Internet über https://dnb.de abrufbar.

© 2022 Vandenhoeck & Ruprecht, Theaterstraße 13, D-37073 Göttingen,
ein Imprint der Brill-Gruppe
(Koninklijke Brill NV, Leiden, Niederlande; Brill USA Inc., Boston MA, USA;
Brill Asia Pte Ltd, Singapore; Brill Deutschland GmbH, Paderborn, Deutschland;
Brill Österreich GmbH, Wien, Österreich)
Koninklijke Brill NV umfasst die Imprints Brill, Brill Nijhoff, Brill Hotei,
Brill Schöningh, Brill Fink, Brill mentis, Vandenhoeck & Ruprecht, Böhlau,
V&R unipress.

Umschlagabbildung: © Dasha Petrenko/shutterstock

Satz: SchwabScantechnik, Göttingen
Druck und Bindung: ⊕ Hubert & Co. BuchPartner, Göttingen
Printed in the EU

Vandenhoeck & Ruprecht Verlage | www.vandenhoeck-ruprecht-verlage.com

ISBN 978-3-525-70324-3

Inhalt

Intro

Vor mir liegt ein Buch

Biblia – das Buch

Du schlägst es auf – bewusst oder spontan –
betrittst einen unbekannten Raum,
suchst nach Antworten
und findest neue Fragen.

Eine Bibliothek
Strom aus tausend Stimmen
1.500 Jahre
Jüdisch – urchristliche Geschichte

Kannst du sie hören?
1.500 Jahre – ziemlich weit weg.
Ich lese zwischen den Zeilen.
Verstehen und Nichtverstehen

Personen
Orte
Szenen
Geschichten

Wo zieht es dich hin?
JakobZachäusMardukHirte
JabboqJerichoBabylonGebirge
NachtkampfSchuldStandpunktNachgehen

Begegnung
Beziehung
Befremdung
Begeisterung

Was zieht dich an? Was stößt dich ab?

Mittendrin
BinIch
BistDu
SindWir

Welche Rolle wählst du?
Ich finde sie – sie findet mich.
»Nur« eine Rolle?
Gelingt mir der Schritt über mich selbst hinaus?

Ich begegne dem Text.
Du begegnest dem Text.
Wir begegnen dem Text.
Er begegnet MirDirUns.

Wie veränderst du dich mit dem Text und der Text mit dir?

Danach wird
Geredet
Gezweifelt
Gestaunt

Vor mir liegt dieses Buch.
Einfach anfangen
mit dem Vielstimmenbuch Gottes –
als Solist unter anderen Solisten auf die Bühne gehen.

»Wunder des Zusammenfließens« (Emmanuel Levinas)
Die Vielstimmigkeit in der eigenen Existenz erleben.

Bibliodrama
Spielräume
Existenzielles Verstehen
Schwingungen

»Der Mensch spielt nur, wo er in voller Bedeutung des Wortes Mensch ist,
und er ist nur da ganz Mensch, wo er spielt.« (Friedrich Schiller)

Wie das Leben so spielt

Bernd Paulus

Haben Sie einmal jungen Katzen beim Spielen zugeschaut? Sie lauern, sie pirschen sich an, sie springen, sie ringen miteinander und ruhen sich danach lange aus. Katzen spielen, damit sie fürs Leben üben und ihre Fähigkeiten und ihr Gespür trainieren – diese Geduld, diesen blitzschnellen Sprung, dann den tödlichen Biss. Für Katzen ist es lebenswichtig zu spielen, weil sie alles erproben können – ausprobieren und erkunden, damit der tödliche Biss gelingt. Das Spiel im Bibliodrama ähnelt dem der Katzen, wenn durch Ausprobieren und Erkunden existenzielle Dichte entsteht. Mutig oder scheu tasten sich die Spieler*innen mit ihrer Rolle an ihr Thema heran. Skeptisch trauen sie den biblischen Texten noch nicht ihre Lebensbedeutung zu. Die eigene Biografie wirkt zunächst wie ein Hemmnis – doch selbst sie darf in jede Rolle schlüpfen, damit sie ein Wort, eine Sprache, eine Geste bekommt. Endlich! Was am Ende entsteht, steht am Anfang noch nicht fest.

Im hebräischen Buchstaben *Lamed* ל ist das durch die äußere Form erkennbar. *»Er ist nämlich der einzige Buchstabe, der beim Schreiben ein wenig nach oben aus dem gedachten Quadrat herausgeht.«*[1] Lernen heißt, über die vorgegebenen Kästchen hinauszugehen. Im Hebräischen gibt es das Verb »lamad – lernen«, verwandt mit »*Talmud* – Lehre«. Es braucht den Text. Dieser ist vorgegeben und lockt gleichzeitig zum Überschreiten. Wer Bibliodrama beginnt, entdeckt mit seiner Rolle die eigene Stimme. Die Bibel ist ein Vielstimmenbuch: neben-, gegen- und miteinander. Da gesellt man sich gerne hinzu!

Biblische Texte sind verdichtete Erfahrungen, denen ganz unterschiedlich begegnet werden kann. Das Bibliodrama ist eine spielerische Annäherung – voller Leichtigkeit und mit vollem Ernst an der Sache. Man kann mit dem spielen, was man selbst wählt, und kommt dabei in Beziehung zu anderen in ihren Rollen. Ein freier Resonanzraum entfaltet sich und ermöglicht, sich in und mit einem Text zu entdecken – eine mögliche Selbsterkenntnis, die mit einem Gegenüber rechnet. Der Text selbst hat seinen Eigenwert, eine Befremdlichkeit, etwas Unabgeschlossenes, das dem Bibliodrama vorausliegt und auch im Spiel nicht aufgeht. Am Ende steht eine Erkenntnis – aber vielleicht auch eine weitere Frage.

---

1   Jürgen Ebach, Schriftstücke, Gütersloh 2011, S. 22.

Im Bibliodrama kommt es zu einer Begegnung – oft auch Konfrontation – der eigenen persönlichen Existenz und der Tradition des biblischen Textes. Beide legen sich gegenseitig aus. In der Übernahme von Rollen, ihrer Imagination und Weiterentwicklung wird ein Gruppen- oder Einzelspiel inszeniert. Die eigene überschießende Kreativität oder ein ernüchterndes Nein dürfen ihren Platz einnehmen. Das Erlebte wird gemeinschaftlich reflektiert und für die eigenen Lebens- und Lernprozesse genutzt. Spieler*innen erleben die oft überraschende Bedeutung einer gewählten Rolle für das eigene Leben. Die Erkundungen mit der »*geselligen Gottheit*«[2] in all ihren Widerborstigkeiten, Untiefen und ihrer Zartheit lohnen sich mit jedem Wort. Da gleicht das Bibliodrama einer Fähre, die uns hinüber- und herüberfährt, damit man lernt zu verstehen. Es ist die szenische »*Kommunikation des Evangeliums!*«[3]. Aber es gilt das Wort von André Gide: »*Verstehen Sie mich, bitte, nicht so rasch!*«[4]

Das Bibliodrama ist methodisch zu planen[5]. So ist es möglich, in einzelnen Unterrichtsstunden kleine, ausgewählte Schritte zu gehen. Im Nachklang erkennt man in diesen Schritten einen gemeinsamen Lernprozess. Es ist wichtig, dass Schüler*innen in ihrem Tempo, mit ihrer ganz eigenen Sicht den biblischen Texten Raum geben können. Nicht selten bildet sich ein Gruppenthema heraus. Der ganze Leib darf lesen und spürt und fühlt den Worten der Bibel mit allen Poren nach. Die Eröffnung des szenischen Raums braucht eine gute Struktur. Szenische Offenheit erzeugt Unvorhergesehenes, Ereignisreiches, das von Religionslehrer*innen in ihrer Führungsrolle Erfahrung mit dem Bibliodrama erfordert. Eigene existenzielle Erfahrungen mit den biblischen Texten helfen, eine neue, vielleicht sogar lebensrelevante Spur zu legen. Natürlich: Es braucht Lust am Spiel, an der Szene, an einer Rolle und am Text selbst!

In den einzelnen Kapiteln werden Methoden beschrieben. Wer Methoden verwendet, zeigt einen Lernweg auf, der zentral die persönliche Auseinandersetzung mit einem biblischen Text beinhaltet – der Begegnung, die sich zwischen Ihnen als Religions-

---

2   Kurt Marti, Die gesellige Gottheit, Stuttgart 1989.
3   Ernst Lange, Sprachschule der Freiheit, München 1980.
4   Gern können sie vertiefend unseren religionspädagogischen Ansatz für das Bibliodrama nachlesen: Bernd Paulus (Hg.), »Wie das Leben so spielt …!«, Heilsbronn 2016, siehe www.rpz-heilsbronn.de. Oder kürzer: TEXTRAUM November 2019, Ausgabe 51; Bernd Paulus, Es geht zur Sache! Bibliodrama in der Schule oder Heiner Aldebert: Wünschen-Träumen-Scheitern-Neu Anfangen. Ein kompetenzorientiert angelegter Lernweg mit bibliodramatischen Elementen zur Geschichte vom verlorenen Sohn (Lk 15,11–32).
5   Heiner Aldebert, in: Gottfried Adam/Rainer Lachmann (Hg.), Methodisches Kompendium für den Religionsunterricht, Göttingen 2010, 1. Phase: Einlassung und Sensibilisierung, 2. Phase: Begegnung und Verortung, 3. Phase: Identifikation und Hinterfragung, 4. Phase: Vertiefung und Aktualisierung, 5.Phase: Bilanz und Abschied.

lehrer*in und den schwarzen Buchstaben ereignet. Das Berührtsein und Fragen, das Ausprobieren mit MIR, der Gruppe und dem Text schafft Ideen für die Methodenwahl – angebunden an die inhaltliche Begegnung.

Wieviel Lebensrelevanz hat ein biblischer Text, hat eine biblische Figur? Dies ist die Frage, die aus unserer Perspektive im Religionsunterricht auf der Agenda steht. Auf diesem Weg wird Unterschiedliches transportiert. An einer Stelle im Buch verwenden wir das Bild der Schuhe als Metapher für Methoden. Je nachdem, welchen Schuh wir auswählen, lernen wir anders zu gehen. Man darf laufen, stolzieren, stolpern und wer will, geht barfuß. Darin entstehen und zeigen sich Kreativität und Spontaneität – die Voraussetzungen der »geheimen Lernwege« unseres Methodenbuches. Es könnte sein, dass der*dem Lehrer*in in dieser ersten Begegnung eine erste methodische Skizze einfällt – kurz notiert, damit sie später wieder aufgegriffen wird und vielleicht sogar durch die gesamte Einheit trägt. So entwickeln sich Szenen in einem Raum, auf einer Bühne.

Wir verwenden vor allem bibliodramatische Methoden, die aus dem Psychodrama kommen. Dieses bietet einen großen Fundus an Methoden und integriert viele hilfreiche Ideen aus anderen Methodenlandschaften – man denke an Körperarbeit, Theaterpädagogik und Kunsttherapie. Im Fokus bleiben die Szene, die Bühne und ihre Rollen. Wir verwenden Methoden, damit eigenes Berührtsein im Kontakt mit den anderen verstehbar wird und man die »Spuren« lesen kann. Nicht jede Methode, die »richtig lebendig« ist, muss auch hilfreich sein. Methodisch-didaktisches Differenzierungsvermögen bei der Auswahl ist immer geboten. Es geht darum, Schüler*innen als Subjekte ihres Lernens ernst zu nehmen und darum zu wissen, was Methoden direkt und indirekt bewirken können. Sie am eigenen Leib auszuprobieren und mit Kollegen*innen zu reflektieren, ist sinnstiftend. So entsteht Freude an den Methoden in erfüllter Gegenwart. Manchmal entsteht ein Flow, oft werden die Fantasie angeregt und Kreativität gefördert. Bibliodrama und seine Methoden ermöglichen in der Schule eine religiöse Bildung, in der Schüler*innen und Lehrer*innen sich ein eigenes und differenziertes Bild von dieser Welt machen können. Sie helfen, das eigene Leben gut zu gestalten.

Was erwartet Sie?

In jedem Kapitel wird ausgehend von einem Thema in einer Jahrgangsstufe ein bestimmter Lernweg beschritten. Viele bibliodramatische Methoden sind jahrgangsübergreifend einsetzbar. Die Beiträge gewähren Einblicke in exemplarische Unterrichtssituationen verschiedener Jahrgangsstufen. Für die eigene Orientierung hier eine kurze Zusammenfassung der Kapitel:

- Im Kapitel »Von der Stofferledigung zur Nachdenklichkeit« wird eine Unterrichts-kultur umrissen, die über die Einstellung der Lehrkraft und die Auseinanderset-zung mit der Sache zur Methode findet. Wer hier anfängt, lernt unser *methodisches Skript* und unsere Herangehensweise kennen.
- Im Kapitel »Abraham: große Szenen mit kleinen Spieler*innen für die Begegnung im interreligiösen Kontext« wird das Rollenspiel als Königsweg der Grundschul-kinder beschrieben, sich die Welt zu erschließen. Die Verwandlung in den Anderen eröffnet einen Zugang zu fremden Schicksalen und eigenen Lebensthemen – selbst zu großen Figuren wie Abraham, der unterschiedliche Kulturkreise verbindet. Das Bibliodrama ermöglicht hier eine *interreligiöse Begegnung.*
- Schritt für Schritt beschreibt das Kapitel »Mit den passenden Schuhen auf dem Weg zu Gott«, wie eine Grundschulklasse mit Zachäus um eine persönliche Ant-wort um die existenzielle Frage »Vergibt Gott den bösen Menschen wirklich?« ringt. Es ist der bibliodramatische Zugang zum *Thema Gottesbilder.*
- Im Kapitel »(Nur) ein kleiner Schritt« nehmen Schüler*innen *einen Standpunkt* ein. Sie machen folgende Erfahrung: Einen Standpunkt nehme ich bibliodrama-tisch gesehen zuerst mit den Füßen ein. Der Ort im Raum verbindet sich mit einer Gefühlsqualität. Andere Standpunkte können unterstützen oder bedrängen. Das bibliodramatische Spannungsfeld dieser Standpunkte ist die Schöpfungsgeschichte.
- Jakob und Esau bringen am Jabboq die Schüler*innen in Bewegung. Hinkend und aufrecht gehend. Nächtlich überfallen. Sie stiften dazu an, die eigene Lebens-geschichte in einen biblischen Text mit hineinzunehmen. Es geht um die *Frage der eigenen Identität.* Konkret geht es um eine Idee, wie man Schüler*innen aus religionsfernen Hintergründen dazu bewegen kann, sich mit bibliodramatischen Methoden über die eigene Ich-Werdung Gedanken zu machen.

Wir freuen uns, dass wir die »Kunst des Weges auf etwas hin« mit dem Bibliodrama auf-zeigen können – szenische Methoden, die mit der Wirklichkeit der biblischen Erzähl-er*innen und der Wirklichkeit der Schüler*innen einen Dialog beginnen. Beide kom-men sich nahe und beide bleiben sich fremd. Oft sind danach mehr Fragen im Raum, der Inhalt jedoch hat eine andere Qualität. Bibliodramatische Methoden ermöglichen es, sich Lerninhalte selbstwirksam in der Gruppe zu erschließen. Haben Sie selbst den Mut und die Neugier, sich auf das Bibliodrama einzulassen und biblischen Szenen Ihre eigene Deutung zu geben. Wir meinen, es ist die beste Vorbereitung, Bibliodrama zuerst selbst zu erleben und zu reflektieren, bevor man es mit den Schüler*innen aus-probiert. Dann wird dieses Buch in Ihrer Hand ein wunderbarer Begleiter Ihrer didak-tisch-methodischen Arbeit im Unterricht – mit wachsendem Genuss.

Staunen Sie! Biblische Texte sind LebensMittel. Fangen wir an, sie zu probieren – am besten im Spiel.

Literatur

Aldebert, Heiner, Wünschen-Träumen-Scheitern-Neu Anfangen. Ein kompetenzorientiert angelegter Lernweg mit bibliodramatischen Elementen zur Geschichte vom verlorenen Sohn (Lk 15,11–32), in: TEXTRAUM November 2019, Ausgabe 51

Aldebert, Heiner, in: Gottfried Adam/Rainer Lachmann (Hg.), Methodisches Kompendium für den Religionsunterricht, Göttingen 2010

Ebach, Jürgen, Schriftstücke, Gütersloh 2011

Lange, Ernst, Sprachschule der Freiheit, München 1980

Marti, Kurt, Die gesellige Gottheit, Stuttgart 1989

Paulus, Bernd (Hg.), »Wie das Leben so spielt ...!« Materialstelle RPZ-Heilsbronn 2016

Paulus, Bernd, Es geht zur Sache! Bibliodrama in der Schule, in: TEXTRAUM November 2019, Ausgabe 51

Zimmermann, Miriam/Zimmermann, Ruben (Hg.), Handbuch Bibeldidaktik, Tübingen 2018, 2. Auflage

Lehrkunst –
oder: von der Stofferledigung
zur Nachdenklichkeit

Johannes Wirsing

Damit die ausgewählte Sache im Unterricht vermittelt werden kann, werden Methoden angewandt. Methoden konturieren das Wesen der Sache und den Zugriff der Lehrkraft im Blick auf gründliches Verstehen der Schüler*innen. In den folgenden Ausführungen steht Methode in diesem Sinne im Mittelpunkt. Methode als Kern der persönlichen Auseinandersetzung mit dem Gegenstand und seiner Bedeutung für wirkmächtigen Unterricht. Im Zeitalter eines analog-materiellen und digitalen Überangebotes für schulisches Lehren und Lernen wird es notwendig, den Hunger wieder zu lernen. Es gibt eine Kargheit, ohne die sich nichts regt. Wenn mein Kopf als Lehrer*in nicht im Ernst leer und hungrig nach neuen Aufschlüssen und Zugängen des mir vielleicht längst Bekannten ist, dann sind meine Methoden nur didaktischer Firlefanz.

Mit den collagenartigen Gedanken sollen Sie in diesem Kapitel in sieben Bausteinen zu assoziativem Denken angestiftet werden. Das Ziel ist, dass Sie beim Lesen in die Haltung der Frage kommen, dass Sie selbst nachdenken und sich dabei Ihren eigenen roten Faden entwickeln. Das sind genau die Strukturen, in denen Schüler*innen im Unterricht zu ihren eigenen Entdeckungen kommen. Lehrkräfte im besten Sinne übrigens auch.

Ausgangspunkt ist die Auseinandersetzung der Lehrer*in mit der Sache, die den Ursprung allen methodischen Denkens beinhaltet. Wenn die Lehrkraft über eine Sache viel weiß, kann sie sich im Unterricht so frei machen und sich komplett auf die Schüler*innen und deren Gedanken einlassen. Dann öffnet sich ein Gestaltungsraum (im Bibliodrama die Bühne), in welchem sich Schüler*innen und Sache wechselseitig begegnen.

1 Vom Wesen der Sache und ihrer Bedeutung – Grundlage aller Überlegung zur Methode

Meine Idee von qualitativem Unterricht und meine Vorstellung vom Zugriff auf die Sache durch mich als Lehrkraft gemeinsam mit den Schüler*innen (hier beginnt die Auseinandersetzung mit der Methode!) umreiße ich im Folgenden beispielhaft: Ich möchte Sie verwickeln in meine Gedanken zur Bedeutung der Inhalte und ihrer

Qualität für schulische Bildung. Wesentliches am »evangelischen Religionsunterricht« zeige ich unter bibliodramatischer Perspektive am Beispiel der Frucht aus dem Paradies vom Baum der Erkenntnis, dem »*Apfel*« als Kristallisationskern.[1] Zahlreiche Facetten zum Gedanken »der Schüler habe Methode!«[2] teilen mit Ihnen den Blick auf eine Unterrichtsgestaltung, die Denk- und Handlungsräume bei Schüler*innen und Lehrkräften öffnet. Konfessioneller Religionsunterricht ist hier als Beispiel zu denken.

Vielleicht fühlen Sie sich zum Fragen, ganz bestimmt aber zum *Nach*denken über qualitativen Unterricht angestiftet?!

Einfache Dinge des alltäglichen Lebens laden sich in ihrer Verwendung im Bibliodrama mit unterschiedlichen Bedeutungen auf und fokussieren wesentliche Aspekte der Sache. Zum Beispiel: ein Apfel.

Ein Apfel liegt in meiner Hand. Es ist die Sache, mit der ich Sie und mich im Blick auf den evangelischen Religionsunterricht und seine Inhalte produktiv verwickeln möchte. Diesen wähle ich hier Beispiel gebend:

Evangelisch sein heißt, sein wie ein Apfel. Wie dieser Apfel hier in meiner Hand.

Evangelische Sachen sind rund und glänzend.

So soll Evangelisches sein – klar und ganzheitlich. Leuchtend.

Knackig und saftig. Süß-säuerlich.

Und jeder von uns hier kennt sie, diese evangelische Sache – den Apfel.

Aber: Dieser evangelische Geschmack existiert nur in meiner Erinnerung, oder in meiner Erwartung, oder in beidem – untrennbar ineinander verwoben.

Theologie handelt oft vom Apfel und seiner Ganzheit: in Wort, Schrift und Bild. Stringente Schnellstraßen vermittelter Kenntnis: »Kenn ich …!« Regale füllend.

In meiner Vorstellung ist es so: Das Wesen des Apfels erschließt sich mir, *west* mich an, »apfelig« wie er ist.

Das Evangelische ist meines – evangelisch wie es ist.

Wortgewaltig kommt es daher.

Will ich dem Evangelischen auf den Grund kommen, es ergründen, mich seinem Wesen nähern, dann muss ich es begreifen, ergreifen, einwirken, mich reinfressen, schmecken, probieren, versuchen, ausloten, in den Apfel beißen und das Fruchtfleisch zerkauen.

»Schmecket und sehet, wie freundlich der Herr ist. Wohl dem, der auf ihn trauet.« Saftig!

Aktives Handeln bringt uns näher an die Sache und tiefer in sie.

---

1 Die Frucht vom Baum der Erkenntnis war kein Apfel …
2 Hugo Gaudig, Die Schule im Dienste der werdenen Persönlichkeit, Leipzig 1971.

Voller Leben. Leben spendend. Wie das Evangelium.

»Es« sich einverleibend.

Wenn ich den angebissenen Apfel nun zurücklege auf den Tisch, dann sehe ich, dass er jetzt angefressen ist, der Apfel und denke an ein Identität stiftendes und verkaufsförderndes Logo eines Weltkonzerns – rein zufällig: der angebissene Apfel ... den scheinbar keiner mehr will.

Die Beschädigung ist der Preis.

Wir nähern uns dem Wesen von evangelisch Sein:

Es liegt jenseits der Rede von der Ganzheitlichkeit.

Hat mit »angefressen sein« etwas zu tun.

Der Lack ist ab. Verwundet liegt er auf dem Tisch – der Apfel.

Wenn er denn überhaupt noch einer ist. Man darf gespannt sein, wann er keiner mehr ist ... Wo liegt die Grenze »apfeligen Seins«?

Die Grenze von evangelisch sein?

Zerbissen – löchrig – unansehnlich.

Ganz ist er nur noch in der *Erinnerung* – ehemals ganz – als wäre es ein Stück von mir.

Unganz wie ich bin – in Scherben – mit Riss – getrennt! Fragment!

»Wir sind alle aus lauter Flicken und Fetzen und so kunterbunt zusammengestückt, dass jeder Lappen jeden Augenblick sein eigenes Spiel treibt.«, so meinte Michel de Montaigne schon im Jahr 1579.[3]

Der Apfel beginnt zu ver-Wesen – ganz langsam erst, unmerklich. Unter Schülerbänken ist er zu finden ... nach Schulschluss.

Ist auch er noch ein Apfel, der schwarze – mumifizierte – ungenießbare – ganz hinten im Kellerregal?

Es sind die dunklen Seiten des »evangelisch Seins«, die mir Schwierigkeiten machen.

Gehört das Wissen, Fühlen und Riechen von modernder Fäulnis nicht wesenhaft zum Begreifen der Sache – eben auch zum Evangelium – Passion – Karfreitag – Kreuz – Tod – Grab? Auch schöne, glatte, makellose Körperwelten gibt es nur mit Sterben und Verwesung.

Der Tod – die Vergänglichkeit – als konstitutives Merkmal von evangelisch sein?

Bin ich »aus dem Schneider?« Aus dem Blickfeld des Schnitters mit der Sense?

Und unser Erschaudern vor dem Abgrund?

Evangelisch sein anlässlich der Beerdigung, wenn der Sarg abgelassen wird und die frische Erde auf den Sarg rieselt ... das Grauen uns ergreift?

Dann lieber die glatte Urne ins Regal oder unter die Linde.

---

3   Michel Montaigne, Essais, Stuttgart 1992, S. 324 f.

Sehnsucht nach Heilsein keimt auf: Nach dem Ganzen.

Nach dem Heiland.

Und wenn wir uns auf den apfeligen Weg zurück machen – wohin kommen wir dann?

Zur Blüte? Zur Knospe?

Zu den Wurzeln?

In ihrer Philosophie spricht Simone Weil von »*Enracinement!*« (»Einwurzelung!«)[4] Dieser Begriff inspirierte den großen Physikdidaktiker und Pädagogen Martin Wagenschein. Seine Idee vom »sich bilden aus der Lebenswelt für die Lebenswelt« mündet in die sokratisch-mäeutische Methode, in die »*Hebammenkunst*«[5], in der die Lehrkraft die Lernenden darin unterstützt, ihre eigenen Gedanken zur Sache selbständig »zur Welt zu bringen« – hoch konzentriert danebenstehend.

Der moderne Mensch reißt seine Wurzeln aus dem Boden, um nachzusehen, ob sie »*gesund*« sind![6]

Wir kommen ins Paradies vor den Baum der Erkenntnis. Ein zweiter Baum steht übrigens gleichbedeutend daneben: der Baum des Lebens!

Einer der ersten menschlichen Dialoge in der Heiligen Schrift kreist um die Frucht – den »Apfel«:

Genesis 1: Adam und Eva – um den Baum der Erkenntnis UND um den Baum des Lebens und es ist das Missverstehen, das uns zum Gespräch nötigt:

»Adam, wo bist Du?«, fragt der im Garten flanierende Gott freundlich, der anscheinend von nichts weiß und seinen abendlichen Begleiter und Gesprächspartner auf Augenhöhe sucht.

Der Sprung im vollkommenen Porzellan des Paradieses: Voraussetzung für die Wissens-bildungs-gemeinschaft, die vom anderen her im lebendigen Dialog zum Verstehen führt – um den Preis des Abschieds aus göttlicher Vollkommenheit.

Ab jetzt wird stolpernd und stammelnd gesucht – selbständig immerhin.

»Adam, wo bist Du?«, so ruft der göttliche Freund im Garten Eden.

Gott spricht mich an – sucht den Dialog, will den Diskurs. Auch stolpernd?

»Adam, wo bist Du?«, könnte auch hilfesuchend oder nachdenklich, vielleicht irritiert klingen.

---

4   Simone Weil, L'Enracinement, Paris 1949.
5   Horst Rumpf, Belebungsversuche, Weinheim/München 1987, S. 215.
6   Peter Buck, Einwurzelung und Verdichtung. Tema con variazione über zwei Metaphern Wagenscheinscher Didaktik, Dürnau 1997/2008.

Am Baum der Erkenntnis fällt die Entscheidung für die Verantwortung menschlichen Handelns und Aus-handelns: im Angesicht der Schlange, die das Wort Gottes klug und sachlich richtig zitiert – mitten im Paradies.

Und Dogmen helfen hier nichts. Der Mensch will es selbst wissen. Er stolpert, ja stürmt in eigene Gedanklichkeit und – fliegt hochkant aus dem Paradies unter die Dornen und Disteln. Jede*r kennt das!

Allerdings nicht nackt und schutzlos, denn Gott schneidert als erster Modeschöpfer der Geschichte Röcke für Adam und Eva aus Fellen und zieht sie ihnen an: er beg(k)leidet sie Jenseits von Eden ... (Genesis 1, V. 3,21).

Es bleibt die Verantwortung für eigenes, aufklärendes Denken ...

Das sind die Dornen und Disteln unserer Verstrickung in die Freiheit.

Evangelisch sein heißt, das Gespräch anzuzetteln über die Sehnsucht nach dem Heilwerden: dem Urgrund und dem Ziel aller Mühe um Verstehen; in Erfahrung der Selbstwirksamkeit inmitten einer wirkmächtigen Lernumgebung, die Lehrkraft und Schüler*innen gemeinsam konturieren und die echte Fragen aufwirft.

Aber es ist eben nicht heil sein, sondern ein Werden ... Wir sind's noch nicht. Wir werden's aber![7]

Martin Luther

Und unser Evangelium schreibt und erzählt vom gemeinsamen Gespräch des Heilands mit uns, seinem Gegenüber in Gottesebenbildlichkeit – auf Augenhöhe, gerechtfertigt wie wir sind – im Dialog bekommt der Glaube Gestalt – im Begleitet sein – hier und unter uns fängt »das Reich Gottes« an.

Sachen ohne Beziehungen gibt es nicht und das Evangelium ist erst recht nicht ohne Beziehung zu denken: »*Es gibt Dinge nur in Beziehungen zu anderen Dingen. Denkt man andere Dinge weg, so gibt es keine Dinge mehr. Es gibt kein ›Ding an sich‹*« (Friedrich Nietzsche)[8]

Hans-Peter Dürr, der ehemalige Direktor des Max-Planck-Instituts für Physik in München, erklärte auf die Frage, welche wissenschaftliche Entdeckung ihn am meisten beeindruckt habe, sinngemäß: Wenn wir in der Quantenphysik weit jenseits unserer modellhaften Vorstellung vom »Atom« in immer kleinere Bausteine der Materie

---

7   Martin Luther, Auslegung zu Philipper 3,13, Stuttgart 1936, zit. in Evangelisches Gesangbuch Bayern, S. 396.

8   »Die Eigenschaften eines Dings sind Wirkungen auf andere Dinge: Denkt man andere Dinge weg, so hat ein Ding keine Eigenschaften, d. h., es gibt kein Ding ohne andere Dinge, d. h., es gibt kein ›Ding an sich‹.«

blicken, dann erkennen wir, dass es letztlich keine Materie mehr gibt – dass sie gleichsam »verschwindet«. Was erkennbar bleibt, ist Beziehung oder Wirkung. Er nennt diese kleinsten Strukturen »*Wirks*«. Und Dürr folgert: Religionen nennen diese Beziehung, diese Wirkung »*Liebe!*«[9]

Und es ist mit dem Menschen genauso. Es gibt ihn nicht – ohne den anderen – ohne Beziehung.

»Wahrheit gibt es nur zu zweien«, so Hannah Arendt.[10] Immer lernen wir vom anderen her denken!

Somit sind Sache und Person eng, ja untrennbar aufeinander bezogen.

»Dazu ist die Schule da, damit das Kind die anderen finde.«
Adolf Schlatter[11]

Die Sache des Evangelischen ist immer mehr, als das an ihr Gesehene, ausschnitthaft Erfasste, Verstandene. Sie bleibt Fragment!

Ein Überschuss an Potenzialitäten wohnt ihr immer inne – und je mehr ich von der Sache weiß und mit anderen verhandle, desto weiter werden die Horizonte neuer Entdeckungs- und Entfaltungsmöglichkeiten und damit weitet sich zugleich der Ozean meines Nichtwissens.

Nur wer wenig weiß, weiß viel! Mit dem Wissen wächst der Zweifel.[12]

Theolog*innen nennen diese Unabgeschlossenheit der Heilserwartung den »eschatologischen Vorbehalt«, die Lehre von den letzten Dingen.

Dies ist paradigmatisch für jeden verantwortlichen unterrichtlichen Umgang mit der Sache.

Evangelischer Religionsunterricht kann uns zeigen, wie das Vertrauen in die Unabgeschlossenheit, in die Unabschließbarkeit von Erkennen aus dem gemeinsamen Ertasten der verwundeten Ganzheit wachsen kann und gelassen macht gegenüber flotter Wissensopulenz, die die Scheunen des Bescheidwissens füllt.

Vor mehr als fünfhundert Jahren (1580) schrieb der Pädagoge, Philosoph und Bürgermeister von Bordeaux Michel de Montaigne: »*Man muss den Schüler vor sich her traben*

---

9   Hans-Peter Dürr/Marianne Oesterreicher, Wir erleben mehr als wir begreifen. Quantenphysik und Lebensfragen, Freiburg 2001.
10   Hannah Arendt/Ingeborg Nordmann, Wahrheit gibt es nur zu zweien. Briefe an die Freunde, München 2015.
11   Adolf Schlatter, Zusammen lernen, zusammen leben, Herder 1981, S. 121–126.
12   Wolfgang von Goethe, Maximen und Reflexionen. Aus Kunst und Altertum (1826).

lassen, um seinen Gang zu studieren!«[13] Welch treffendes Bild: Die Lehrkraft – hoch aufmerksam, konzentriert und analytisch ... in zweiter Reihe!

Beispielhaft kann mich das Evangelium in einen Um-gang mit der Sache – besser vielleicht »um die Sache« führen, wodurch ich mich auf neue Sichtweisen und überraschende, staunenswerte Erkenntnisse aus dem Dialog einlasse, sodass es mich »aus mir selbst herauszieht«. Der Mensch wird ernst genommen in seinem hartnäckigen Fragen und seinem produktiven Zweifeln – DEM Bemühen um Bildung. Im besten Sinne wird der*die Lehrer*in leer: Gemeinsame Neugier keimt auf. Der*die ideale Lehrer*in müsste jede Sache, jeden Bildungsinhalt, den er*sie in der Klasse »durchnimmt« angehen, als ob er*sie ihn noch nie gesehen hätte – *als sähe er*sie ihn zum ersten Mal.*[14]

2   Die Lücke auf die Bühne bringen: das Spiel im Dazwischen

Michelangelo, Ausschnitt aus dem Deckenfresko in der Sixtinischen Kapelle, 1508–1512

Die Lücke ist der Entfaltungsraum für Energie und Methode. Die Lücke wird definiert von ihren Rändern her – und somit die Ahnung genährt, was hineingehört.

Mit der Erschaffung Adams schuf Michelangelo in der Sixtinischen Kapelle Roms 1512 die wohl berühmteste Lücke der Kunstgeschichte: den Synaptischen Spalt. Ele-

---

13   Michel Montaigne, Die Essais (1579/1595), Stuttgart 1984, S. 78, zitiert in Süddeutscher Zeitung vom 22./23.05.1993.
14   Ezra Pound, ABC des Lesens, Zürich/Hamburg 2007.

gant hingestreckt – der Körper Adams! Nicht kraftlos, sondern gelassen. Daneben erscheint Gott, umgeben von seinen Engeln, voller Wollen, Wucht und Kraft. Zwischen Schöpfer und Geschöpf fließen vielfältige Energien in beide Richtungen! Fast könnte man denken, Gott reckt seinen Arm aus dem Querschnitt durch die Anatomie des menschlichen Gehirns.

Möglicherweise wollte Michelangelo grundsätzlichen Fragen auf den Grund gehen – so wie wir!

Man weiß nicht, ob das Bild im Davor oder Danach entstanden ist – also vor dem Einhauchen des Lebens oder danach. Der*die Betrachter*in kann sich in die Lücke einbringen, indem er*sie beide Seiten sehr bewusst wahrnimmt. Die Vorstellung einer Begegnung in all ihren möglichen Entfaltungen wird dadurch angeregt, dass sich die beiden nicht wirklich berühren – noch nicht oder nicht mehr.

Das bringt auf den Punkt, was Bibliodrama in seiner Methodik im Kern bedeutet: Begegnung findet in der Lücke statt – in dem, was man nicht sieht, nicht liest und nicht versteht. Der Text sagt nichts zu dem, worauf es letztlich ankommt. Das müssen die Teilnehmer*innen sich »erspielen«. Hier findet ein Ringen um Wahrheit und Stimmigkeit statt. Die gestaltete Lücke reichert die Qualität der Sache von ihren Rändern her an. Sie ist essenziell für das Verstehen. Zuerst ist man Lückensucher*in, bevor man zum*zur Lückenfüller*in wird. Gutes Bibliodrama schafft solche Gestaltungsräume, indem das Vorher und Nachher umfangreich bearbeitet wird, damit das Dazwischen frei ist für Erfahrungen. Rabbiner des Judentums sprechen hier vom »schwarzen und vom weißen Feuer« des Textes der Tora, der schwarzen Schrift und ihren weißen Zwischenräumen – beides gleich bedeutsam!

3 Vom Anderen her denken lernen – lebendiger Diskurs als Grundlage von Verstehen: DAS Prinzip der Methode

Im Gedicht von Reiner Kunze fokussiert sich mein Verständnis von Methode im grundverschiedenen Charakter der beiden Bootsinsassen, der grundverschiedenen Charaktere der Schüler*innen und der Lehrkraft im Klassenzimmer: Zu zweit ergreifen sie wesentliche Aspekte der Wirklichkeit und werden miteinander kongenial wirksam, indem sie ihre Fähigkeiten und Fertigkeiten handelnd einbringen, um eine Facette vom Wesen des Meeres – der unendlichen Fülle und abgründigen Tiefe im BLAU – zu erfassen und zu begreifen. Wenn sich zwei oder drei um eine Sache kümmern, erwächst mehr als die Summe der von den zwei oder drei gedachten und geäußerten Gedanken. Man wächst gleichsam über sich hinaus. So beanspruchte die Künstlervereinigung »Der Blaue Reiter« die Farbe Blau als Symbol für die Kraft des Geistigen.

rudern
rudern zwei ein boot
der eine kundig der sterne
der and're kundig der stürme
wird der eine
führn durch die sterne
wird der andre
führn durch die stürme
und am ende ganz am ende
wird das meer in der erinnerung blau sein
Reiner Kunze[15]

Dieser lernende Zugriff der handelnden Personen gründet in ihrer von Interesse geleiteten Einstellung, sich bedingungslos einzulassen auf gemeinsame Erfahrung – auch des Abgründigen. Wenn Erich Fromm von »*Haben oder Sein*« spricht, so macht er uns darauf aufmerksam, dass unser Sein zunehmen und das Haben abnehmen soll.[16]

Es geht demnach weniger um die Kenntnis und Beherrschung zahlreicher Methoden, sondern um »Methode als Haltung«.

4   In die Haltung der Frage kommen – vom Verhältnis von Methodik und Didaktik

Das Verhältnis zwischen Methodik und Didaktik ist als ein in sich verschränktes Verhältnis zu sehen. Die Didaktik kümmert sich um die Auswahl des Inhalts im Blick auf die Bedeutung für mich und mein Leben als Lehrkraft und somit im weiteren Sinne auch um die Bedeutung für den*die Schüler*in und seine*ihre Lebenswelt. Zugleich muss bei der Auswahl die Methode bedacht werden, die den Gegenstand in den Mittelpunkt des gemeinsamen Interesses rücken soll. Die Auswahl der Inhalte richtet sich also nach didaktischen Prinzipien: Warum DIESEN Inhalt ... und keinen anderen? Die Didaktik als Vermittlungswissenschaft nimmt zusätzlich in den Fokus, womit bei Schüler*innen zu rechnen ist, wenn man ihnen dieses oder jenes als Schulstoff zu vermitteln versucht.[17] Immer noch viel zu oft werden Schüler*innen in die Regeln der Aufgabenbearbeitung eingewiesen, aber nicht mehr mit der Lehre oder Kunde von etwas umfassend verwickelt – in etwa so, wie ich Ihnen das hier zumute.

---

15   Reiner Kunze, Gespräch mit der Amsel, Frankfurt 1984, S. 9.
16   Erich Fromm, Haben oder Sein, München 1976.
17   Klaus Zierer, Unheilsbringer, condorcet.ch/202 vom 19.01.2021.

Modelle werden so vereinfacht, dass die in sie eingegangene Lehre oder Kunde nicht mehr zu erkennen ist.[18]

Jede*r lernt in der Auseinandersetzung mit derselben Sache Unterschiedliches. Jede*r lernt eben so und das, wie es zu seinem*ihrem bereits konstruierten Wissen passt. Dies gilt gleichermaßen für Schüler*innen wie für Lehrkräfte! Von Bedeutung ist die Qualität des Gelernten im Sinne einer stabilen Verankerung im Vorwissen und operativen Gelenkigkeit im Blick auf neue Problemlösungen (Piaget: Assimilation, Akkomodation, Äquilibration).[19]

Lehren will gekonnt sein! Nicht jede Lehrkraft verfügt über eine Lehre oder auch nur ausreichend über das Wissen um die Sache, die sie lehrt – zumindest nicht so weit, dass sie die unerwarteten Schwierigkeiten der Vermittlung lösen könnte. »*Diese entstehen aus der nicht begriffenen inneren Verfassung der Dinge der Lehre wie aus dem nicht zureichenden Wissen darüber, was die Lehranlässe an innerer Bewegung in Schüler*innen auslösen.*«[20] Zeitgleich ergeben sich methodische Fragen, wie auf beides reagiert werden kann. Das gleiche gilt für bibliodramatische Methoden.

Nicht umsonst sprach man gerne vom*von geborenen*r Erzieher*in oder Lehrer*in, der*die es einfach konnte. Manchen blieb es letztlich versagt, auch wenn sie durch zwei Staatsexamina durchgekommen waren. Lehren kann man in diesem Sinne nicht einfach lernen und wohl auch nicht lehren. Es wird nicht ganz zu Unrecht als LEHRKUNST bezeichnet.

Dennoch: Qualitatives Unterrichten kann man lernen, wenn man die Fragen liebt! Es geht darum, die Schüler*innen für eine Sache und die Sache für die Schüler*innen zu erschließen – vielleicht sogar für die Auseinandersetzung mit der Sache zu begeistern. Das Bibliodrama ermöglicht und entfaltet diese wechselseitige Erschließung.

Meine Gedanken dazu lassen sich am eindrücklichsten durch eine Irritation aus meiner Biografie beschreiben, nämlich an der Bedeutung meines Konfirmationsspruchs, der sich im Rückblick als didaktisch-methodischer Schlüssel für mich als Lehrer herausstellte und es unbewusst schon immer war.

Zum Fest der Konfirmation erhielt ich ungefragt folgenden Bibelvers als Konfirmationsspruch für mein Leben:

»Gebt acht, ich stehe vor der Tür und klopfe an. Wenn jemand meine Stimme hören wird und die Tür auftun, zu dem werde ich hineingehen und das Mahl mit ihm halten und er mit mir.«
Offenbarung 3,20

18 Andreas Gruschka, Lehren, Stuttgart 2014, S. 21.
19 Jean Piaget, Die Äquilibration der kognitiven Strukturen, Stuttgart 1976.
20 Andreas Gruschka, Lehren, Stuttgart 2014, S. 25.

Folgende Fragen tauchten auf:

Warum bekomme ICH diesen mir sehr fremden Text? Worum geht es hier? Welcher Jesus spricht hier zu wem? Warum so allgemein formuliert? Was soll das Ganze? Ein Motto soll das sein für mein ganzes Leben, für meinen Lebensweg? Jetzt bin ich 15 Jahre alt – fast erwachsen – und verstehe nichts!?

Gegen Ende meiner aktiven Dienstzeit als Schulrat fiel es mir wie Schuppen von den Augen: Genau dieser Text war mir immer schon auf den Lehrer-Leib geschneidert. Er ist im Grunde mein methodisch-didaktisches »Credo« und fokussiert einen bedeutsamen Aspekt meines Verständnisses von schulischer Bildung – in Analogie zu Jesu bedingungsloser Zusage:

Lehrkräfte können im Grunde immer nur DRAUßEN sein! Sie stehen immer VOR der Tür des Verstehens und Nichtverstehens der einzelnen Schüler*in, der Klasse und oft auch vor der Tür ihres eigenen Verstehens.

ANKLOPFEN ist die Aktion – die tägliche Tat der Lehrkraft in Mimik, Gestik, Sprache, Prosodie und Person. Anklopfen hat etwas von Respekt vor der Würde und der Unverfügbarkeit des Anderen zu tun.

Bevor wir fremde Räume betreten, klopfen wir an.

Die Schüler*innen können entscheiden: Will ich hören oder nicht – zuhören oder nicht? Lasse ich die Tür zu, halte ich sie zu oder halte ich sie geschlossen? Oder öffne ich meine Tür, heiße gar willkommen? Das geht immer nur von INNEN.

Außen hat »die Tür des Verstehens« keine Klinke und keinen Griff.

In der großen Politik gibt es diese Tür ohne Klinke und ohne Griff tatsächlich: »Downing Street Number Ten«– der Sitz des Premierministers von Großbritannien. Eine der bedeutendsten Türen der Welt kann nur von innen geöffnet werden, eine symbolische Demonstration großer Macht des Amtsinhabers. Klingel und Briefkasten sind Attrappe, nur der Türklopfer aus Messing ist echt. Zum physischen Anklopfen eben von AUßEN ...

Öffnen Schüler*innen ihre Tür und wollen sie verstehen, kann Gemeinsamkeit stattfinden. DER Schlüssel ist eine Lernumgebung (im Bibliodrama ein szenisches Setting), die im besten Fall eine Frage aufwirft.

»Die Fragen lieben wie verschlossene Stuben oder Bücher in sehr fremden Sprachen. Wer in der Frage lebt, wächst eines Tages in die Antwort hinein«, meint Rainer Maria Rilke dazu.[21]

Guter Unterricht – auch das Bibliodrama – beginnt oft mit einer Frage – und endet mit einer Frage auf anderem – höherem Niveau! Nur indem wir Fragen stellen, in denen es um uns selbst geht, öffnet sich der Reichtum biblischer Texte.

---

21 Rainer Maria Rilke, Briefe an einen jungen Dichter, Leipzig 1929.

Zur Frage kommt deren innerer Widerspruch hinzu: »*... nur insofern etwas in sich selbst einen Widerspruch hat, bewegt es sich, hat Trieb und Tätigkeit.*«[22] Mit Methoden des Bibliodramas werden diese Widersprüche produktiv sichtbar.

5   Kompetenz stärken, um Sachen zu verstehen

Was ist Kompetenz? »Kompetenz ist die personal verfügte Zuständigkeit in der Sache.«

Theodore Roosevelt definierte es so: »Man tut was man kann, mit dem was man hat, dort wo man ist!« – und jeder möchte etwas bewirken.

Wunderbar zu zeigen ist Kompetenzorientierung am Beispiel des Kinderbuches »*Die kleine Hexe*« von Otfried Preussler[23]: Scheinbar macht die kleine Hexe alles falsch und überwindet zu guter Letzt die fragwürdigen Normen der »OberHexen« anlässlich ihrer Reifeprüfung auf dem Blocksberg! Mit diesen Fragen kommt man ihrer Kompetenz auf die Spur:

Kann sie was? Weiß sie was? Will sie was?

Für das Lehren bedeutet dies die Bemühung darum, der Entstehung des Verstehens in seiner möglichen Vielfalt aufmerksam zu folgen, sensibel zu sein dafür, wie und wo die einzelnen Schüler*innen auf dem Weg zur Sache gerade stehen.

Die Kompetenz der Lehrkraft besteht in der Überlegung: Wie verstehe ICH (als Lehrkraft!)? In welche Richtungen führen meine Wege des Verstehens und vor allem auch des Nicht-Verstehens? Zeige ich diese Wege offen und nachvollziehbar meinen Schüler*innen? Öffne ich mein Hirn und mein Herz im Unterricht und lasse teilhaben? Gebe ich Einblick in den Prozess meines Nachdenkens, indem ich beispielsweise laut vor mich hinspreche oder -denke und auch meinen Irrtum deutlich benenne?

Kann ich aus mir heraustreten und gleichsam neben mir stehen und mich in meinem Denken, Sprechen und Handeln beobachten und analytische Schlüsse ziehen (s. John Hattie 2009)[24]?

---

22 Georg Hegel, Die Wissenschaft der Logik, Nürnberg 1816.
23 Otfried Preussler, Die kleine Hexe, Stuttgart 1957.
24 John Hattie/Klaus Zierer, Kenne deinen Einfluss! »Visible learning« für die Unterrichtspraxis, Baltmannsweiler 2016. John Hattie, Lernen sichtbar machen für Lehrpersonen, Baltmannsweiler 2014.

6 Von der Zeigekraft der Lehrperson

»... *Kinder, ich lehre euch alles, was ich selber weiß* ...«[25], lässt Tschingis Aitmatow in seinem Buch »Der erste Lehrer« den legendären Dorflehrer zu seinen Schüler*innen sagen, die als Söhne und Töchter armer Bauern und Analphabeten nach den Wirren der Revolution erstmals die Schule besuchen: eine armselige Bretterhütte, durch die der eisige Wind pfeift. Der mittellose abgedankte Soldat der »Roten Armee« hat keine Ahnung von Didaktik und Methodik, kann kaum selbst lesen und schreiben und wird seinen Schüler*innen dennoch zur Lichtgestalt einer universalen Bildung.

Lehrkräfte dürfen nicht nur auf ihre Funktion als Lerncoach oder Moderator*in reduziert werden. Die Notwendigkeit des Wissens, der gründlichen Kenntnis der Sache und des sich Abarbeitens an deren stofflicher Qualität zum Zweck ihrer Anverwandlung[26] tritt dabei in den Hintergrund. Wichtig ist die sorgfältige Auswahl bedeutsamer Inhalte in klug arrangierter Lernumgebung, die allen Schüler*innen die Erfahrung der Selbstwirksamkeit eröffnet und in welcher sie ihren Zugriff auf die Sache zum Denken der Anderen in Beziehung setzen. So entsteht Resonanz im Sinne eines Bildungsvorgangs als Welterschließung und Weltaneignung. Hartmut Rosa nennt diesen Prozess »Anverwandlung von Dingen durch das zum Sprechen bringen der Materialqualitäten«. Es geht in diesem Zusammenhang ganz zentral um die Zeigekraft der Lehrkraft: fokussieren, Fragen aufwerfen, auf Bedeutsames verweisen, den Widerspruch konturieren, den Zweifel nähren, auf Aspekte hinweisen, die noch nicht gesehen werden, neue, noch ungeahnte Entdeckungen provozieren und zur Sprache bringen. Martin Buber bringt es auf den Punkt: »Ich zeige Wirklichkeit, ich zeige etwas an der Wirklichkeit, was nicht oder zu wenig gesehen worden ist. Ich nehme ihn, der mir zuhört, an der Hand und führe ihn zum Fenster. Ich stoße das Fenster auf und zeige hinaus. Ich habe keine Lehre, aber ich führe ein Gespräch.«[27]

»Auch der Schwache [Schüler] hat einen Anspruch auf Komplexität – weil die Wirklichkeit komplex ist!«, so Lisa Hefendehl-Hebeker, Didaktikerin der Mathematik.[28] Die Sache soll nicht so reduziert werden, dass auch der Schwache alles verstehen kann. Die Kunst besteht vielmehr darin, die Sache so aufzubereiten, dass ALLE Schüler*innen im gemeinsamen Austausch am Gleichen lernen und so die Komplexität wiederhergestellt wird.

---

25 Tschingis Aitmatow, Der erste Lehrer, München 1990, S. 36.
26 Hartmut Rosa, Resonanz, Berlin 2018, S. 381 ff.
27 Martin Buber, Aus einer philosophischen Rechenschaft, Schriften zur Philosophie, München 1962, S. 1114.
28 Zitat aus einem unveröffentlichten Vortrag bei einer Seminarleitertagung in Leitershofen bei Augsburg.

Es ist die »*Tugend des einzelnen Schülers: alles den anderen zu sagen, was er zur Sache denkt, [die] Tugend des Lehrers: zu führen durch die möglichste Zurückhaltung seiner selbst – wozu gehört, umfassend zuzuhören und, wenn nötig, das Gespräch bei der Sache zu halten – (die) Tugend eines jeden Teilnehmers: sich mitverantwortlich zu fühlen, dass alle verstehen*«.[29]

»Verstehen des Verstehbaren ist ein Menschenrecht«.[30]

Aber: Warum nur sieht der Mensch im Neuen immer nur das Alte ...?[31] Weil wir gar nicht anders können, schreibt uns Lehrkräften und Pädagog*innen Siegfried Bernfeld, der erste Kinder- und Jugendpsychiater mit jüdischen Wurzeln schon 1925 ins Stammbuch: »*So steht der Erzieher vor zwei Kindern: dem zu erziehenden vor ihm und dem verdrängten in ihm! Er kann gar nicht anders als jenes zu behandeln, wie er dieses erlebte!*«[32]

Diese Erkenntnis öffnet uns Pädagog*innen und Lehrkräften den systemischen Blick auch auf unser Selbst und unser sehr begrenztes Wissen um die Dinge. Das Bibliodrama bietet hierfür breiten Gestaltungsraum.

7   Wie die Dinge zusammenhängen

Das kleine Haus unter Bäumen am See. Vom Dach steigt Rauch.
Fehlte er, wie trostlos dann wären Haus, Bäume und See.
Bertolt Brecht, Buckower Elegien[33]

Haus – Bäume – See – zunächst unverbunden. Erst dieser Rauch, der vom Dach (aus dem Kamin) steigt, haucht dem Bild das Leben ein. Das Feuer verbindet wärmend die unterschiedliche Qualität der Sache. Es bringt Gefühle, ja Herz ins Spiel und ruft Emotionen hervor – verbindet die anscheinend unzusammenhängenden Dinge. Kinder spüren das Leben in der Sache und malen selbst in Sommerbildern Hauskamine mit Rauch.

Den Zusammenhang kann nur der entdecken, der etwas von den Dingen weiß. Wer Methoden gut einsetzen kann, versteht Kind und Sache. Aus dem Wissen entstehen Zusammenhänge und aus den Zusammenhängen entsteht echtes Verstehen.

---

29 Martin Magenschein, Erinnerungen für morgen, Weinheim/Basel 1989, S. 38.
30 Martin Wagenschein, Die Tragik des Mathematikunterrichts, in: Frankfurter Hefte, 16 (1961), S. 49–58.
31 Zit. in Walter Asmus, Johann Friedrich Herbart – Pädagogische Schriften, Dresden, 1965.
32 Siegfried Bernfeld, Sisyphos oder die Grenzen der Erziehung, Frankfurt 1967, S. 141.
33 Bertolt Brecht, Gedichte, Berlin 1975.

Literatur

Aitmatow, Tschingis, Der erste Lehrer, München 1990

Arendt, Hannah/Nordmann, Ingeborg, Wahrheit gibt es nur zu zweien, Briefe an die Freunde, München 2015

Beck, Ulrich, Riskante Freiheiten. Individualisierung in modernen Gesellschaften, Berlin 1996

Bernfeld, Siegfried, Sisyphos oder die Grenzen der Erziehung, Wien 1925

Brecht, Bertolt, Gedichte, Berlin 1975

Buber, Martin, Aus einer philosophischen Rechenschaft, Schriften zur Philosophie, München 1962

Buck, Peter, Einwurzelung und Verdichtung. Tema con variazione über zwei Metaphern Wagenscheinscher Didaktik, Dürnau 1997/2008

Domin, Hilde, Ausgewählte Gedichte, Frankfurt 1987

Dürr, Hans-Peter/Oesterreicher, Marianne, Wir erleben mehr als wir begreifen. Quantenphysik und Lebensfragen, Freiburg 2001

Fromm, Erich, Haben oder Sein, München 1976

Gaudig, Hugo, Die Schule im Dienste der werdenden Persönlichkeit, Leipzig 1917

Goethe, Wolfgang von, Maximen und Reflexionen, München 2006

Grass, Günter, Der Lernende Lehrer, in: DIE ZEIT Nr. 21/1999

Gruschka, Andreas, Lehren, Stuttgart 2014

Hefendehl-Hebeker, Lisa, Zitat aus einem unveröffentlichten Vortrag bei einer Seminarleitertagung in Leitershofen bei Augsburg

Hegel, Georg Wilhelm Friedrich, Die Wissenschaft der Logik, Nürnberg 1816

Herbart, Johann Friedrich, Pädagogische Schriften, Stuttgart 1982

Korczak, Janusz, Wie man ein Kind lieben soll, Göttingen 2018

Kunze, Reiner, Gespräch mit der Amsel, Frankfurt 1984

Lippmann, Walter, »Where all think alike, no one thinks very much.« The Stakes of Diplomacy, New York 1915

Luther, Martin, Auslegung zu Philipper 3,13, Stuttgart 1936

Montaigne, Michel, (1992) Essais, Zürich, Manesse-Verlag, S. 324 f.

Nietzsche, Friedrich, Werke in drei Bänden, Band 1, München 1954

Pound, Ezra, ABC des Lesens, Zürich/Hamburg 2007

Preussler, Otfried, Die kleine Hexe, Stuttgart 1957

Rilke, Rainer Maria, Briefe an einen jungen Dichter, Leipzig 1929

Rogers, Carl R., Die Kraft des Guten, München 1978

Rosa, Hartmut, Resonanz, Berlin 2018

Rumpf, Horst, Belebungsversuche, Weinheim/München 1987

Rumpf, Horst, Diesseits der Belehrungswut, Weinheim 2004

Rumpf, Horst, Von der Stofferledigung zur Nachdenklichkeit, in: Deutsche Lehrerzeitung Nr. 21/1993

Schlatter, Adolf, zit. in: Lichtenstein-Rother, Ilse, Schulanfang, »Dazu ist die Schule da, damit das Kind die anderen findet«, Weinheim 1969

Singer, Wolf, Ein neues Menschenbild?, Berlin 2003

Stern, Elsbeth, Wissen schlägt Intelligenz, Gespräch mit Elsbeth Stern, in: DIE ZEIT 26.06.2003, Nr. 27

Wagenschein, Martin, Erinnerungen für morgen, Weinheim/Basel 1989

Wagenschein, Martin, Die Tragik des Mathematikunterrichts, in: Frankfurter Hefte, 16 (1961)

Weil, Simone, L'Enracinement, Paris 1949

Zahrndt, Heinz, Die Sache mit Gott. Die protestantische Theologie im 20. Jahrhundert, München 1972

Zierer, Klaus, Unheilsbringer, condorcet.ch/ vom 19.01.2021

Abraham: große Szenen mit kleinen Spieler*innen für die Begegnung im interreligiösen Kontext

Michaela Ströbel-Langer

0 Interreligiöser Dialog als Ausgangspunkt der Sequenz

Starten möchte ich mit einem Wunsch: Religionsunterricht soll in der Schule keine Randerscheinung sein! Religionslehrkräfte sollten sich vernetzen, Kooperationen eingehen, im Schulalltag Stellung beziehen zu Themen, die das Selbstverständnis der Kinder und das Zusammenleben im Schulalltag betreffen. Religionsunterricht soll in Beziehung stehen zur aktuellen gesellschaftlichen Situation mit den damit verbundenen bildungspolitischen Aufgaben.

In unserem Fall war der Anlass der hier beschriebenen Sequenz im Religionsunterricht mit Erstklässlern ein schulübergreifendes Projekt an einer inklusiven Ganztagsschule in Nürnberg zum Thema »Respekt, Toleranz, Werte«. In diesem Rahmen schien es möglich, dass sich auch interreligiöse Kontakte zwischen christlichen und islamischen Schüler*innen und Kolleg*innen ergeben konnten. Seit Jahren war immer wieder der Wunsch geäußert worden, über die gemeinsame Gestaltung der Anfangs- und Schlussgottesdienste hinaus miteinander in Austausch zu treten und als Lehrkräfte der verschiedenen Glaubensgemeinschaften auch persönlich über Glaubensdinge ins Gespräch zu kommen. An unserer Schule unterrichten, bei einem hohen Anteil islamischer Kinder, drei islamische Religionspädagogen*innen, eine katholischer Religionslehrerin und ein evangelischer Religionspädagoge. Gibt es verbindende Motive in unserer Vorstellung von Gott bzw. unserer Beziehung zu Gott? Im Austausch dazu wurde deutlich, dass sich ein Zugang über Abraham, den gemeinsamen Gründervater, für eine Begegnung zwischen den Religionsgruppen eignen könnte.

Wertvolle Impulse bekamen wir auf einer interreligiösen Fortbildung, die am Anfang des Schuljahres evangelische, katholische und islamische Religionslehrkräfte gemeinsam besuchten.

Eindrücklich rief dort Professor Dr. Tarek Badawia vom Lehrstuhl für islamisch-religiöse Studien mit Schwerpunkt Religionslehre/-pädagogik die anwesenden Religionspädagog*innen angesichts weltweiter Auseinandersetzungen zwischen Christ*innen und Muslim*innen zu mehr Gelassenheit auf. Religionspädagog*innen überforderten sich oft mit dem eigenen hohen Anspruch, ihre Religion weiterzugeben oder beschützen zu müssen. Seine Empfehlung war es zu bedenken, dass der Glaube und seine Wirksamkeit als Geschenk zu verstehen sind, das von Gott kommt und nicht vom Menschen gemacht werden kann. Grundvoraussetzung für den Austausch zwischen den Religionen ist es, Kenntnisse und Aufmerksamkeit für anschlussfähige Bezüge zu entwickeln, sich über den Kern des eigenen traditionellen Verständnisses klar zu werden und sich ein Bild vom Anderen zu machen. Als Grundhaltung muslimischer Religiosität nannte Badawia die Dankbarkeit, als Grundhaltung christlichen Glaubens die Liebe. Daneben ist ein wesentliches Ziel jeder Religion seiner Auffassung nach die Stabilisierung des Selbst. In der säkularen Gesellschaft stelle sich die Aufgabe, Pluralität zu gestalten, Plausibilität und Rationalität von Regeln der Religionen im Diskurs zu prüfen. Badawia wies auf das Problem einer ständigen Politisierung des Islam hin. Nicht wenigen Muslim*innen mache ihr kulturell-religiöser Minderheitenstatus zu schaffen. Scham über erfahrene Diskriminierung verstärkt das Gefühl, den Glauben bewahren bzw. verteidigen zu müssen. Diskussionen werden nicht selten abgeschlossen mit der Botschaft: »Mein Iman sagt ...« oder »Allah weiß es besser!« und das Gespräch endet in einer Sackgasse.

Uns wurde auf der Veranstaltung deutlich, wie wichtig es im Kontext von Schule ist, den Dialog zu suchen und in der Begegnung trotz aller Differenzen eine Sensibilität für gemeinsame Fragestellungen zu entwickeln. Badawias Thesen schienen uns wie eine Brücke zwischen den Religionen. Die Verständigung über unser Gottesbild lag uns am Herzen und natürlich wollten wir darüber hinaus unsere Schüler*innen in diese Auseinandersetzung einbeziehen.

1 Facetten eines christlichen Gottesbildes

Angeregt durch die die Begegnung mit den islamischen Kollegen*innen, versuche ich im Folgenden einige Aspekte meiner eigenen Gottesvorstellung zu umreißen. Ich halte es für wichtig, sich die »eigene, erwachsene Vorstellung« bewusst zu machen, um in der unterrichtlichen Arbeit mit Kindern auch deren Repräsentationen offen begegnen zu können und auch mit Angehörigen andere Religionen in Dialog zu treten.

Ich beziehe mich dabei auf zwei evangelische Theologen. Zum einen ist es Karl Barth, der in seinem Ansatz Gott als den ganz Anderen bezeichnet, zu dem kein Weg vom Menschen aus führt. Das Göttliche übersteigt jede menschliche Vorstellung. Dieser Gedanke führt bei mir persönlich zu einer demütigen Haltung. Es gibt Dinge, die von Gott kommen, die kein Mensch bewirken kann. Diese Auffassung stellt eine gute Verbindungslinie zum islamischen Monotheismus her, der ein striktes Bilderverbot vorsieht.

Paul Tillich dagegen sieht Gott als die Tiefe im Leben des Menschen, als das, was ihn unbedingt angeht. Er verfolgt die Methode der Korrelation: Existenzielle Fragen formuliert er, wie es für den modernen Menschen angemessen scheint, aus Perspektive der Wissenschaften bzw. der Philosophie. Diese Fragen werden aber auch als religiöse Fragen formuliert. Demzufolge lassen sich Antworten darauf auch in der Offenbarung Jesu Christi suchen.

Besondere Bedeutung für die Theologie, die Religionspädagogik und die Auseinandersetzung des Christentums mit anderen Religionen hat die Bestimmung des Verhältnisses von Glaube und Mythos. »Mythen sind Symbole, die zu Geschichten verbunden sind, in denen Begegnungen zwischen Göttern und Menschen erzählt werden. Die Mythen sind in jedem Akt des Glaubens gegenwärtig, denn die Sprache des Glaubens ist das Symbol.«[1] Sie sind Grundbestandteile einer jeden Religion.

Als entscheidendes Kriterium für einen kritischen Umgang mit dem Mythos führt Tillich den Begriff des gebrochenen Mythos ein. Er definiert ihn folgendermaßen: »Ein Mythos, der als Mythos verstanden, aber nicht beseitigt wird, kann gebrochener Mythos genannt werden.« – »Ein Glaube, der seine Symbole wörtlich versteht, wird zum Götzenglauben. Er nennt etwas unbedingt, was weniger ist als unbedingt. Der Glaube aber, der um den symbolischen Charakter seiner Symbole weiß, gibt Gott die Ehre, die ihm gebührt.« – »Das Christentum schließt seinem eigentlichen Wesen nach jeden ungebrochenen Mythos aus, denn seine Grundlage ist der Inhalt des ersten und höchsten Gebotes, die Unbedingtheit des Unbedingten anzuerkennen und jede Art von Götzendienst abzulehnen.«[2] Wichtig scheinen mir hier die Aspekte, Fragen der Gegenwart mit der Botschaft der Bibel zu verknüpfen und dabei Symbole auch als solche zu verstehen. Problematisch wird es, wenn sie als etwas gelten, das man unbedingt und wortwörtlich auffassen muss. Ein solcher Standpunkt fordert einen Für-wahr-halte-Glauben, bei dem Glaubensinhalte nicht im Sinne eines modernen, kritischen Weltbildes kritisch hinterfragt werden dürfen. Eine absolute Wahrheit kann es in diesen Fragen nicht geben und daher ist auch eine respektvolle Haltung gegenüber den Angehörigen anderer Religionen erforderlich.

Im Religionsunterricht geht es gerade um das Umgehen mit religiöser Symbolik und ihrer Bedeutung bzw. darum, einen Zugang zum Mythos zu finden. Im vorliegenden Ansatz üben die Kinder in einem szenischen Zugang ihre Symbolisierungsfähigkeit und setzen sich in entscheidenden Entwicklungsphasen kreativ mit Vorstellungen einer religiösen Bildhaftigkeit und wichtigen narrativen Strukturen auseinander. Der Einstieg in eine Erzählung mit szenischem Charakter geht ebenfalls von einem Bild aus und entwickelt im Spiel seine Dynamik.

---

1   Paul Tillich, Wesen und Wandel des Glaubens, Frankfurt 1961.
2   ebd.

2 Gottesvorstellungen im Unterricht mit Erstklässlern

In den ersten Schulwochen mit den Erstklässler*innen schien es zunächst notwendig, sich mit der religiösen Sozialisation der Kinder zu befassen, u.a. mit einem vorhandenen oder nicht vorhandenen Gottesbild. Es schien wesentlich, die Kinder bei ihren Gottesvorstellungen abzuholen. Hier einige Ergebnisse: In ihren Darstellungen kommt Gott als der Höchste vor, über allem, der im Himmel wohnt; Gott als anderer, wird ohne Gesicht gemalt; Gott als Schöpfer, wird in die Natur, seine Schöpfung gemalt. Es gibt auch Darstellungen, auf denen Jesus, das Kreuz, eine Kirche und andere religiöse Symbole zu sehen sind. Das gemeinsame Betrachten und die Reflexion dazu ergaben, dass bei aller Unterschiedlichkeit in den Bildern, Gott als einer dargestellt wurde, der anders ist als unsere Wirklichkeit. Ein Blick in den Lehrplan gab Aufschluss über einen möglichen Zugang zum Thema.

2.1 Lehrplan ev. Religion 1/2

Lernbereich 1 Nach Gott fragen – Gott begleitet

Kompetenzerwartungen:[3] Die Schüler*innen bringen

- ihre Vorstellungen von Gott, seinem Wesen und Wirken in unterschiedlichen Formen zum Ausdruck (z. B in Bildern, mit Symbolen, im Gespräch).
- vergleichen Sprachbilder der Bibel, in denen die Beziehung Gottes zum Menschen zum Ausdruck kommt, mit eigenen Vorstellungen.
- entdecken in biblischen Geschichten von Abraham Antwortangebote auf die Frage nach Gottes verlässlicher Begleitung auch in schwierigen Situationen und bringen eigene Gedanken und Erfahrungen dazu ein.
- bringen die Symbole Licht und Weg in Beziehungen zu Erfahrungen, die Menschen mit Gott machen und gewinnen dabei erste Einsichten in biblische Symbolsprache.

Inhalte zu den Kompetenzen:
- Vorstellung von Gott in Bildern und Vergleichen, z. B Gott ist wie …,
- Bilder und Symbole der Geborgenheit und des Vertrauens in biblischen Geschichten und Psalmen, z. B Guter Hirte (Lk 15,3–6), Tröstende Mutter (Jes 66,13a), Fels (Ps 18,3),
- Abraham und Sara – ein Weg im Vertrauen auf Gott: Berufung und Aufbruch (Gen 12,1–5), Verheißung (Gen 15,5), Isaaks Geburt (Gen 21,2f.),
- Symbol-Weg: Erfahrungen von Menschen in verschiedenen Wegdarstellungen, z. B ebene, gerade, steinige, steile, verschlungene Wege.

---

3   LehrplanPLUS, Grundschule in Bayern, München 2014, 2. Auflage, S. 175.

2.2 Einstieg über ein neutestamentliches Gottesverständnis

Bevor wir uns den alttestamentlichen Inhalten zuwenden konnten, hielt ich es für sinnvoll, zunächst mit einem neutestamentlichen Gottesbild einzusteigen, das nach meiner Auffassung charakteristisch ist für ein evangelisches Verständnis. Im Zentrum steht hier das bedingungslose Angenommensein des Menschen auch in seinem Sünder*insein. Im Sinne von Luthers Rechtfertigungslehre geht es beim Sündersein – beim Verlorengehen – nicht um die großen Verfehlungen, sondern auch um die vielen kleinen Schieflagen, in die wir geraten, wenn unser Denken und Handeln sich entfernt von Gott, den Mitmenschen oder von uns selbst bzw. von dem, der*die wir sein wollen. Gerade in den neutestamentlichen Erzählungen hat die bedingungslose Suche nach den Verlorenen und deren Angenommenwerden eine große Bedeutung.

In den Gleichnissen zeigt sich, wie Jesus von Gott gesprochen hat. Die Geschichte vom verlorenen Schaf (Lk 15,3–6) schien mir für die Kindergruppe ein passender Einstieg. Der Kerngedanke, dass Gott wie ein guter Hirte das Verlorene retten will und ihm nachgeht, das Schaf nicht seinem Schicksal überlässt, schien in diesem Gleichnis in seiner knappen, übersichtlichen Form für die Kinder gut nachvollziehbar. Es geht komplexeren Gleichnissen wie dem vom verlorenen Sohn/dem guten Vater voraus, in dem sich ebenfalls das bedingungslose Angenommensein des Menschen zeigt, von dem Gott sich nicht abwendet, auch wenn er auf Abwege gerät.

2.3 Methodisches Vorgehen: Vom Tischszenarium zu personell besetzten Szenen

Für eine erste Begegnung wurde das Gleichnis im kleinen Tischszenarium begleitend zur (Lehrer-)Erzählung aufgebaut. Im Anschluss bastelten die Kinder selbst ihr Schäfchen aus einem Bastelbogen, beklebten es mit Watte und stellten es in die Tischlandschaft. Dann sprachen sie aus seiner Perspektive, wer mochte, legte beim Sprechen den Finger auf sein Schaf. In dieser Phase rekapitulierten wir die Inhalte der Geschichte aus ihrer Perspektive.

Dann wurden in einem inhaltlichen Schwenk auch eigene Erfahrungen mit »verloren gehen« hinsichtlich geliebter Gegenstände und hinsichtlich dem eigenen Verlorengehen besprochen.

Es folgte ein erstes Bespielen des Tischszenariums: Die Geschichte wurde mit den selbst gebastelten Schafen und Holzschäfchen gespielt. Farbige Tücher kamen zum Einsatz, grün für saftige Weiden, blau für Wasserstellen, beige für das Bergland mit Kräutern wie Salbei, Thymian und Rosmarin … In einer ersten Variante wurde ein kleiner Dialog zwischen dem vorwitzigen Schäfchen und seinem*ihrem braven Freund*in gespielt. Die Kinder nahmen die verschiedenen Perspektiven ein.

Vorwitziges Schäfchen: Es ist langweilig, bei der Herde zu bleiben … Hier gibt es nur Gras, die leckeren Kräuter wachsen da oben … Ich möchte gerne mal etwas erleben … Ich schaue mich da oben mal um … Freund*in: Lieber nicht, das könnte gefährlich werden … Du könntest abstürzen … Ein Wolf könnte kommen …

Das Schäfchen zieht los: Endlich mal raus hier … So hoch kann ich springen … Ich fühle mich so frei … Hier waren die anderen noch nie … Welchen Weg nehme ich jetzt? Inzwischen unten in der Herde: Die Kinder lassen ihre Schäfchen sprechen: Wo ist eigentlich …? Ich habe da was beobachtet … Wo ist denn das Kleine …? Wenn das der Hirte mitkriegt …!

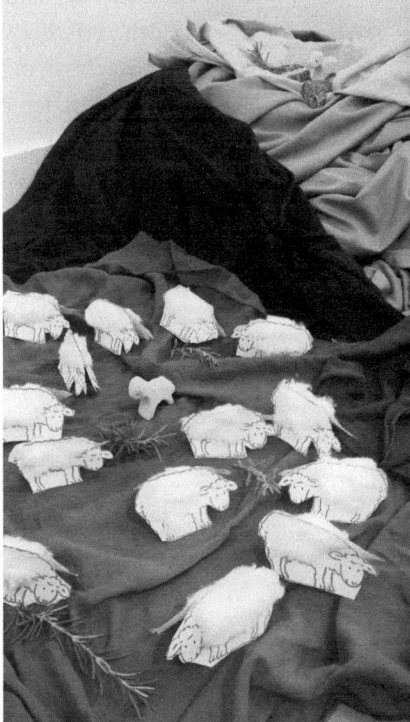

Methoden aus dem szenischen Lernen wurden auf die Geschichte angewandt, die den Kindern so immer vertrauter wurden. Dabei konnten Improvisation und Rollenübernahme eingeübt werden.

a) **Vier Felder:** Auf dem Boden waren zwei Seile über Kreuz ausgelegt. In jedem der so entstandenen Felder agierten folgende Figuren, evtl. mit einem Satz: Ausreißer*in, brave*r Freund*in, Schäfer*in, Wolf. In einem Feld konnte jeweils ein Kind, aber auch gleichzeitig mehrere Kinder in einer Rolle agieren, die anderen schauten zu. Auch stillere Kinder probierten so jede Rolle aus, entwickelten eine Vorliebe für einzelne Figuren.

b) **Speaker's Corner:** Die halbe Gruppe lief als Schäfer*in durch den Raum; dazu ein Selbstgespräch, er*sie macht sich Sorgen um eines seiner*ihrer Schafe. Wer wollte, stieg auf einen Hocker und erklärte laut, warum er*sie das Schäfchen suchen musste: Ich möchte, dass keines verloren geht! Da oben ist es gefährlich! Man kann abstürzen. Es gibt wilde Tiere … Ich muss es suchen!

Dann wechselten die Spieler- und Zuschauergruppe. Alle Kinder gingen auf diese Weise in die Identifikation mit der Figur des*r Schäfer*in und versprachlichten ihre Gedanken und Gefühle.

c) **Improvisation mit Übernahme einer Tierrolle:** Ausgangspunkt war hier die Tierrolle, die Kinder sehr gerne übernehmen. Sie hat einen starken Körperbezug, der wegführt von abstrakten Inhalten und auf humorvolle Weise Momente der

Geschichte verfremdet. Wir starteten frei im Raum verteilt: Sich in ein Schaf ver-
wandeln. Frisches Gras: Lecker! Blick aufs Gras und stur nach vorne, kauen, Blick
zum*r Nachbar*in, mähhh, blöken: Friss mir nur nichts weg! Dann dazu einen
Satz auch aus den Perspektiven braves/vorwitziges Schaf.

Anschließend ging es auf die Bühne. Sie war
mit Stoffbahnen als blaue Wasserstelle oder
grüne Graslandschaft und mit beigen Sitz-
säcken als Felsengegend eingerichtet. Es
gab Kostümteile wie graue T-Shirts oder
Felle für die Schafe.

Vor den Spieldurchläufen positionierten
sich die Kinder (Reflexion): Wo stehe ich?
Bei der Herde bei dem*r Ausreißer*in oder
bei dem braven Schäfchen. Was möchte ich
im Spiel ausprobieren?

Der*die Hirt*in wurde unruhig, er*sie machte sich Sorgen: Sind das alle? Fehlt da
eines? Er*sie suchte, zählte mehrmals: Eines ist weg! Was könnte passiert sein?

Die Herausforderung war nun: »Wie zeige ich als Schauspieler*in möglichst wirkungs-
voll, wie sich meine Figur fühlt?«. Wir unterteilten die Handlung in Abschnitte, wähl-
ten gute Positionen im Raum, überlegten kurze Sätze und schauten uns Aspekte der
Zeichenverwendung an wie Mimik, Blickrichtung, Berührung, Tempo.

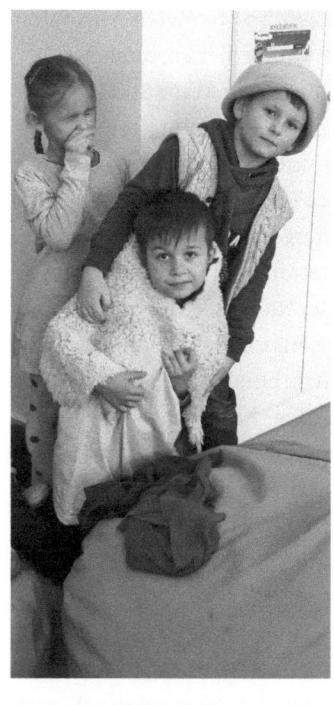

Der*die Hirt*in rettete sein*ihr Schäfchen und brachte es hinunter. Dort herrschte große Freude, als es wieder da war.

Der Aspekt des **Vorspielens und Zeigens** intensivierte den Zugang zur Geschichte. Anschließend gab es Rückmeldung von den Zuschauenden: Bei ... habe ich gesehen, dass das Schäfchen ... Dieses Feedback intensivierte bei den Kindern den Bezug zur eigenen Rolle und machte deutlich, dass verschiedene Spieler*innen eine Rolle unterschiedlich gestalten können.

Mögliche Fortführung mit Tüchern und Musikeinsatz: In einem weiteren Durchlauf für neue Spieler*innen konnten zwei Kinder mit blauen Tüchern ihre leichten Gefühle spielen (Freiheit), begleitet von einer freudigen Musik wie »Drei Nüsse für Aschenbrödel«. Anschließend konnte ein*e andere*r Spieler*in als Schäfchen weiter oben in den Felsen ankommen. Er*sie spielte das Abrutschen in eine Felsspalte. Die Variante wurde mit dunklen Tüchern gestaltet, die dunkle Gedanken symbolisierten und begleitet wurden von der melancholischen Musik »Solveigs Lament« von Edvard Grieg. In den Durchläufen ging es um Imagination, Selbstwahrnehmung für Gefühle, aber auch um zunehmende szenische Gestaltungsfähigkeit.

3   Exkurs: szenisches Spiel im Religionsunterricht

Im Kontext einer performativen Didaktik möchte ich auf ein wesentliches didaktisches Potenzial aufmerksam machen: Wenn Kinder Gelegenheit bekommen, für ihre Erkenntnisse Ausdrucksformen zu finden und diese in einer ästhetischen Form Zuschauer*innen zu präsentieren, schließen sich damit didaktisch weitere Schritte der Auseinandersetzung an, die durch ganzheitliche Zugangsweisen zu einer nachhaltigen Beschäftigung mit den Inhalten führen können. Methodisch gibt es verschiedene Formate kreativer Textbegegnung und Ausdruckweisen. Im hier beschriebenen Fall sind es szenische, rollenorientierte Methoden, die bei Grundschüler*innen an einer Form der Welterschließung ansetzen, die von jeher ihre ureigene Domäne ist: **das Spiel.**

Grundschulkinder können Geschichten bereits kognitiv fassen, aber sie sind selig, wenn sie Gelegenheit zur Darstellung bekommen. Faktoren wie Rollenübernahme, die Ausstattung einer Bühne mit einigen sparsam verwendeten Attributen, die zur Unterstützung der Imagination und zur Orientierung dienen, brauchen Vorbereitung und Zeit. Die Kinder sollen merken, dass ihr Handeln im Spielrahmen wahrgenommen und ernst genommen wird. Spiel hat hier einen breiten Platz in der Sequenz, wenn die Textbegegnung bereits stattgefunden hat, wenn Entdecken und Deuten bereits im Gange sind. Eine ganz besondere Form der Textauslegung findet statt, wenn narrative Bezüge körperlich-szenisch dargestellt werden. Durch das Verkörpern zeigt ein Kind seine individuelle Interpretation der biblischen Figur, es lässt den Text im Hier und Jetzt erlebbar werden. In der Rollenübernahme liegt für jedes Kind ein immenses Potenzial zur Entwicklung seiner Symbolisierungsfähigkeit. Auf Ebene des Sozialbezugs gelingt ihm die Synchronisierung mit der Figur, den Mitspieler*innen und den Zuschauern*innen. Darüber hinaus ermöglicht ihm der Rollenzugang eine Äquilibrierung der eigenen Wünsche, Bedürfnisse, des Selbstkonzepts und des Idealselbst im Kontext von Spiel.[4] Die Zuschauer*innen aus der Gruppe können das Gesehene mit ihren Vorstellungsbildern abgleichen und in Beziehung setzen, eine weitere Stufe der Aneignung und Vertiefung findet statt.

Später wurden auch Zuschauer*innen aus anderen Religionsgruppen eingeladen. Nach einer Phase szenischen Erkundens und Improvisierens wurden gestalterische Verabredungen getroffen und das Spiel bekam, u. a. durch die Verwendung theaterästhetischer Mittel, seine Form. Die Kinder konnten ihre Ergebnisse als Gastgeber*innen präsentieren und miteinander über religiöse wie gestalterische Inhalte ins Gespräch kommen. Die Geschichte vom verlorenen Schaf diente dazu, vorbereitend für die Beschäftigung mit der Abraham-Geschichte Aspekte eines evangelischen Gottesbildes zu vermitteln, mit szenisch-kreativen Methoden vertraut zu machen und in historisch-kulturelle Bezüge einer Gesellschaft mit Hirten einzuführen.

4   Die Abraham-Geschichte in der Sequenz

Anschließend wurde die Sequenz zum Gottesbild mit der Abraham-Geschichte fortgesetzt: Auch hier eine Weg-Geschichte: Abraham ein angesehener Mann/Bürger ... sein Leben in der damaligen Zeit als Landbesitzer mit Hirten und Tieren, seine Kinderlosigkeit ... Er bekommt den Auftrag: Verlasse dein Land und ziehe wohin ich dich führe. Um Qualitäten des Textkomplexes für die Schüler*innen und ihre Lebensfragen sachgerecht aufschließen zu können, empfiehlt sich auch hier, sich zunächst auf

---

4   Michaela Ströbel-Langer, Das Eigene im Schutz der Rolle zeigen. Entwicklung eines Praxiskonzepts für das Theaterspielen im Primarbereich, München 2018, S. 398.

theologischer Ebene zu orientieren. Außerdem ist es lohnend, sich mit den Hintergründen der Abraham-Geschichte im Hinblick auf die interreligiöse Begegnung zu befassen, um sich ihr immenses Potenzial in diesem Kontext bewusst zu machen und damit umgehen zu können.

4.1 Theologische Skizze zur Abraham-Geschichte

Die Berufung des Abraham (Gen 12,1–5) ist ein Brückentext am Übergang von der alttestamentlichen Urgeschichte zur Geschichte Israels. Am Anfang steht der kompromisslose göttliche Befehl: Abraham soll sich um nichts kümmern oder sorgen und in ein Land ziehen, das Gott ihm zeigen wird. Der Aufbruch in die Fremde, das Zurücklassen von Vaterhaus, Familienangehörigen und Heimat, also von allen wesentlichen Stabilitätsfaktoren, die dem*der Einzelnen im alten Judentum Sicherheit gaben, erscheint als massive Zumutung.[5] Der Schritt ins Ungewisse erfordert Mut und Durchhaltevermögen.

Auch heute finden die Aufbrüche vieler Menschen in einer global von Krisen bedrohten Welt statt. Sie ziehen los, in völliger Unsicherheit, ob es in der Fremde ein gutes Ankommen geben wird, ob ein Heimischwerden für den*die Einzelne*n möglich ist. Auch »Abrahams Weg geht hinaus in eine Welt voller Götter, also alternativer Sinnpotenziale. Seine religiöse Botschaft ist die der Pazifizierung des Fremden und eines theologischen Inklusivismus, der ohne besserwisserischen Ton daherkommt. Er sucht nicht das Trennende sondern das Gemeinsame und könnte für uns heute beispielhaft sein. Im Unterschied zu einem Kampf der Kulturen, den sich der Fundamentalismus auf die Fahnen geschrieben hat, sieht diese Erzählung im Anderen das Gemeinsame. Ihre Botschaft lautet: Dein Gott ist auch mein Gott. Sie ist grundsätzlich interreligiös und ökumenisch ausgerichtet. Der Text greift die Migrationsproblematik eines in der Diaspora lebenden Judentums auf. Abraham ist der ideale Immigrant in den globalisierten Großreichen der Antike.«[6] Damit hat die Geschichte gute Anschlussmöglichkeiten für unsere gesellschaftlich-kulturelle Situation heute.

In der Berufungsgeschichte geht es nicht um den besonderen Stellenwert des jüdischen Volkes und die Bestimmung als das auserwählte Volk. Abraham wird hier vielmehr als Ahnherr eines großen Volkes unter anderen großen Völkern hervorgehoben. In Vers 3 heißt es deutlich, dass Israel für alle Völker ein Segen sein soll, d. h., Berufung und Erwählung sind nicht Selbstzweck, sondern Auftrag anderen Völkern gegenüber. Er bekommt den missionarischen Auftrag, die Kunde von Jahwe,

---

5 Kim Strübind, Abrahams Exodus. Eine theologische Skizze zu Genesis 12,1–4, in: Arbeitshilfe Gottesdienst der ev. luth. Kirche in Oldenburg, S. 12–21.
6 Ebd.

dem Gott aller Menschen, unter die Völker zu bringen. »Die Paradoxie besteht darin, dass Segen aus einer Segen gefährdenden Tat erwächst, dem Verlassen der eigenen Lebensgrundlagen. Hier ist nicht die Rede von einer exklusiven Bestimmung des Gottesvolks. Dagegen fällt in politischer Hinsicht deren Pazifismus und in theologischer Hinsicht deren Inklusivismus auf.«[7]

Dass Abraham aus Haran, also aus Nordwest-Mesopotamien, in das Land Kanaan einwandert, kann als Ausdruck der Hoffnung jener im Exil befindlichen Kreise auf einen neuen Exodus und eine Rückkehr ins »Land der Väter« gelesen werden. Der Weg Abrahams von Haran nach Kanaan entsprach einer damals bekannten Route zwischen Mesopotamien und Palästina. Hier zeigt sich die Hoffnung, dass Israel nicht nur ein »Volk« ist, sondern wieder eine geachtete Nation als staatlich-politische Größe werden kann. Innerhalb der babylonischen und persischen Großreiche war das Judentum Teil dieser Völkerwelt geworden, in der es sich orientieren musste. So findet auch das Programm einer friedlichen Koexistenz »Abrahams« (d. h. des nachexilischen Judentums) mit den Völkern, die durch dessen Nachkommen gesegnet werden sollen, eine sinnvolle historische Einbettung.[8]

4.2 Anknüpfung an die Ausgangslage der Erstklässler und Auswahl der Textabschnitte

Viele unserer Schüler*innen haben selbst mit ihren Familien Migrationserfahrungen gemacht und die Bemühungen um Eingliederung und Existenzgründung in der neuen Heimat bestimmen ihr Leben. Zumindest haben alle Kinder Klassenkamerad*innen mit diesem Schicksal. Hinter manchen liegen Kriegs- und Fluchterfahrungen. Nicht wenige Eltern haben Schwierigkeiten in unserer pluralistischen Gesellschaft Fuß zu fassen und eine zufriedenstellende Perspektive zu gewinnen. Die Abraham-Geschichte schließt an solchen Erfahrungen an.

Grundsätzlich legt die Arbeit mit Erstklässler*innen ein erfahrungsbezogenes Vorgehen nahe, das sich aus ihrer Perspektive auf folgendes Basisthema beziehen könnte: Neuland betreten! Nach dem Kindergarten bin ich in die Grundschule gekommen. Vieles in der Schule war neu für mich!

Hier einige Ergebnisse aus der Arbeit mit dem Basisthema:
Darauf habe ich mich gefreut, als ich in der Schule neues Land betreten habe:
- Alex: Ich habe mich auf das Fußballspielen gefreut.
- Maria: Ich habe mich gefreut, dass wir da schöne Sachen machen.

---

7 Konrad Schmid, Literaturgeschichte des AT, Darmstadt 2008, S. 126, zit. nach Strübind.
8 Ebd., S. 19.

- Jonas: Ich habe mich gefreut, dass wir da was Neues lernen.
- Adam: Ich habe mich darauf gefreut, dass wir da ein leckeres Mittagessen bekommen.
- Yael: Ich habe mich gefreut, dass ich mit Zoe zusammen in eine Klasse komme.
- Marie: Ich habe mich auf die Pausen gefreut.
- Zoe: Ich habe mich gefreut andere Kinder kennenzulernen und neue Freunde zu finden.
- Louis: Ich habe mich so über meine Drachenschultüte gefreut.
- Aisha: Ich habe mich auf Mathe gefreut.

Da war ich unsicher, als ich in der Schule neues Land betreten habe:
- Alex: Ich habe überlegt, wie wird es da wohl werden? Hoffentlich wird's erst mal leicht!
- Adam: Ich dachte, wir bekommen gleich Noten.
- Maria: Ich hatte Angst, dass mich Größere ärgern.
- Julian: Ich habe vorher Spanisch gesprochen. Ich wusste nicht, ob ich die Sprache gut verstehe.
- Samera: Ich habe überlegt, wer wohl meine Lehrerin wird.
- Maya: Ich hab' mich in der ersten Stunde noch nicht in Religion getraut. Da waren wieder andere Kinder als in der Klasse.
- Maria: Ich hab' gedacht, da gibt's dann schwere Aufgaben mit Minus.
- Melissa: Mir hat jemand gesagt, ab der zweiten Klasse wird's schwierig.

Eine Fortführung des Wegmotives im Schulalltag als Vorbereitung für die interreligiöse Begegnung kann auch in der Frage liegen: Wo führt mich und die Kinder meiner Klasse der Weg am Montagmorgen hin? Manche gehen in Ethik, andere in evangelische Religion, wieder andere in islamische Religion ... Aufstellen von Holzfiguren: Wo gehen deine Freunde hin? Was erzählen sie von ihrem Unterricht? Vielleicht können wir eine andere Gruppe treffen und erfahren, was sie so machen. Wir könnten ihnen etwas von uns zeigen. In einem ersten kurzen Religionsvergleich lernen die Kinder Mohammed als wichtigen Religionsgründer kennen, den Koran als heiliges Buch, die Moschee als Gottesdienstraum, Bairam als wichtigen Feiertag.

Dennoch ist mir der Aspekt »Neuland betreten« auch in einer Gruppe von Erstklässler*innen für einen Umgang mit der Abraham-Geschichte inhaltlich zu wenig. Viele Kinder der Gruppe waren Geschichten gegenüber sehr aufgeschlossen und zeigten ein gutes kognitives Verständnis. Ich hatte den Wunsch, dass verschiedene Episoden der Geschichte in ihrem Verlauf, mit der ihr eigenen Dramaturgie zur Wirkung kommen. Dazu gehörte für mich die Einführung in das Leben Abrahams als

Herdenbesitzer in seiner ursprünglichen Heimat, der Auftrag Gottes nach Kanaan zu ziehen und Abrahams Haltung, in der sich ein bemerkenswertes Gottvertrauen ausdrückt. Dazu gehörte auch die Episode von Abraham und Lot: Er überlässt seinem Neffen die Wahl, ob fruchtbares Weideland oder felsiges Bergland. Abraham bleibt erneut gelassen, weil er überzeugt ist, Gott begleitet ihn. Alles wird gut werden, er ist gesegnet. Auch die Sorge um die Kinderlosigkeit gehört dazu wie die Verheißung: So viele Sterne, so viele Nachkommen wirst du haben. Wichtig ist mir, dass im Verlauf der Geschichte Gott gezeigt wird als der, auf den ich vertrauen kann.

Im interreligiösen Kontext haben verbindende, kollektivierende Motive mehr Relevanz als scheidende, abweichende Aspekte. Abraham wird verstanden als Urvater beider Religionen, wobei die islamische Tradition sich auf Hagar und ihren Sohn Ismael bezieht, die jüdisch-christliche auf Sara und Isaak. Hier treten für mich einige Fragen zur Auswahl und Gestaltung der Erzählmotive auf: Da Sara zunächst davon ausgeht, keine Kinder mehr zu bekommen, ist sie einverstanden, dass Abraham mit der ägyptischen Magd Hagar ein Kind zeugt. Doch wenig später ist auch sie schwanger. Als Ismael bei einer Feier für Isaak nicht im Mittelpunkt steht, laut ist und stört, reagiert Sara verärgert und verlangt von Abraham, ihn und seine Mutter fortzuschicken. Aus der Perspektive des Menschen in unserem Kulturkreis heute eine nicht unproblematische Entwicklung der Geschichte: Alles dreht sich angesichts der Kinderlosigkeit um den ersehnten Stammhalter. Ein Kind von einer Zweitfrau entspricht vielleicht nicht unseren moralischen Vorstellungen. Und als die erste Frau doch einen Nachfolger bekommt, muss die andere gehen und ihr Kind gerät in eine lebensbedrohliche Situation. Das mutet inhuman an. Wie sollen Kinder unseres Kulturkreises mit dem Status von Sara und Hagar umgehen? Zwar enthält der Text die Zusage Gottes, er werde für Hagar und ihren Sohn sorgen, dennoch macht es uns die Geschichte hier nicht leicht. Andererseits kann sie bei einer interkulturellen Ausrichtung, durch die große Bedeutung Ismaels als Urvater der islamischen Religion, nicht ausgespart werden.

Ausgewählte Erzählabschnitte sind also: Abraham, Landbesitzer in Hebron und seine Frau Sara – Abrahams Berufung: Auftrag, Verheißung und Segen (Gen 12,1–4) – der Aufbruch (Gen 12,4–6) – Abraham und Lot trennen sich (Gen 13,1–12) – Gott verheißt Abraham einen Sohn (Gen 15,1–6) – [Hagar und Ismael I (Gen 16)] – Abraham und die drei Männer (Gen 18,1–15) – Isaaks Geburt (Gen 21,1–6) – [Hagar und Ismael II (Gen 21,8–21)].

4.3 Methodisches Vorgehen zum Abschnitt »Abrahams Berufung«

Für die Einführung in die Geschichte kam begleitend zur Lehrer-Erzählung das Kamishibai (japanisches, bildergestütztes Erzähltheater) mit vergrößerten Bildern von Kees de Kort (Pixibuch) zum Einsatz. Dabei wurden die wichtigsten Momente der Erzählung in bildgestützter Weise vermittelt. Zwischen den einzelnen Bildern wurde jeweils eine Klangschale angeschlagen, um Atmosphäre zu schaffen und die Aufmerksamkeit auszurichten. Verzichtet man auf den Einsatz von Bildern, entstehen bei den Kindern ganz individuelle Repräsentationen der Geschichte ohne Vorgaben, die die damalige Zeit, die Umgebung, die andere Kultur betreffen.

Wir sangen das Lied »Gott, dein guter Segen« (mit Bewegungen). Als ich ein paar Begriffe klärte und nach dem Wort Segen fragte, erklärte Maria: Das bedeutet, dass man zu Gott Vertrauen haben kann, er ist bei uns. Ergänzt wurde, dass man in besonderen Situationen den Schutz des Segens besonders gut brauchen kann, z. B bei Reisen, Veränderungen, Prüfungen. Den Segen spricht uns ein*e Pfarrer*in zu.

Dann starteten die Kinder ihre szenische Arbeit wieder mit dem Tischtheater: Das Symbol Weg war ausgelegt, die Kinder stellten und erzählten die Geschichte vom Aufbruch bis zu einer Rast auf dem Weg nach Kanaan, sie stellten Tiere und Figuren auf: Abraham, Sara, Lot, Schafe, Ziegen, ein Kamel und ein kleines Zelt. Als das Lager aufgebaut ist, geht Abraham noch einmal hinter das Zelt (auf ein dunkelblaues Tonpapier) und wendet sich an Gott, mit seiner Ungewissheit, wohin der Weg führt, ob er noch einmal Kinder bekommen werde. Die Kinder legten kleine goldene Sterne für die vielen Nachkommen, die Gott ihm prophezeit.

Als Bühne für das szenische Spiel war eine lange braune Stoffbahn ausgelegt (mit Klebeband am Boden fixiert), darauf lagen die Kostümteile von Abraham, Sara, Lot, Schäfchen und Eselchen. Es ist auch möglich einen schattigen Busch, einen Jungen am Wegrand, also eine zusätzliche fiktive Figur zu spielen, die gut in die Geschichte passt. Anschließend gab es eine Positionierung/Rollenwahl zu einer neutralen, ruhigen Musik: Ich spiele Abraham, weil der mutig ist. Ich spiele ein Schaf, weil das ... Ich möchte ein Eselchen sein, weil ... Ich fühle mich wie ... Natürlich kann es für einer Figur auch mehrere Spieler*innen in unterschiedlicher Ausprägung geben (ein Abraham, der mutig voran geht; einer, der überlegt, ob er die richtige Entscheidung getroffen hat; einer der sich um die Tiere kümmert; einer, der ein Gebet vor sich hinspricht, während er geht ... eine Sara, die froh ist, dass sie unterwegs sind und sie nicht immer an den Kinderwunsch denkt; eine, die überlegt, wo sie am besten Rast machen und was es zu essen geben könnte ...). Die Kinder äußerten kurz ihre Gedanken zur Rolle, dann bildeten sie zwei Teams für zwei Spieldurchläufe.

4.4 Methodisches Vorgehen zum Abschnitt »Abraham und Lot trennen sich«

Nach einer Lehrer-Erzählung, die in den Text einführte, arbeiteten wir mit Standbildern zum Streit unter den Hirten: Die Kinder waren in drei Gruppen aufgeteilt und hatten die Aufgabe, aus verschiedenen Figuren (Hirten, Lot, Schafen, Ziegen, ...)

ein Standbild zu bauen. Eine*r war der*die Bildhauer*in und positionierte die Figuren, richtete sie ein. Hier einige Details aus den Ergebnissen: Zwei Hirten, die Fäuste geballt, stehen sich gegenüber. Ein Hirt tröstet ein Schäfchen, das hungrig geblieben ist, hungrige Schafe kuscheln sich mit saurem Blick aneinander, ein sattes Schaf grinst, ein Hirte wendet sich von der Gruppe ab und möchte zu Abraham, um mit ihm zu sprechen ... Jede Figur im Standbild suchte sich einen Satz. Die Zuschauer*innen aus den anderen Gruppen beschrieben kurz, was sie sehen. Dann konnten sie durch Drücken eines imaginären Knopfes an einer Figur den Satz hören. Bei mehrmaligem Drücken und Wiederholen verstärkte sich die emotionale Wirkung eines Satzes. Standbilder wurden zu gleichen oder unterschiedlichen Momenten einer Geschichte gebaut. Der Streit der Hirten machte eine Entscheidung nötig. Abraham ließ Lot frei wählen ... Eine Vorstellung vom Grasland und felsigen Berggegenden hatten die Schüler*innen bereits beim Gleichnis vom verlorenen Schaf kennengelernt. Methodisch sind Tierrollen als Beobachterposition gute Möglichkeiten, um das Geschehen zu kommentieren, Meinungen zu äußern. Dieser Perspektivenwechsel war den Kindern ebenfalls vertraut.

Spiel mit dem Zufall: Wir nutzten das Oasenzimmer der Entspannungs-AG im Hort als Bühne. Es war mit zwei (Nomaden-)Zelten und einer Wand mit vielen kleinen Glühlämpchen ausgestattet. Sofort ließen sich Assoziationen herstellen zu Abraham vor dem Sternenhimmel. Das perfekte Szenario für eine Rast am Lagerfeuer, für die Verheißung der vielen Nachkommen und die Diskussion über den weiteren Weg der beiden Schafherden bzw. die Entscheidung Lots.

Improvisation mit Partner*in oder in der Gruppe: Es bildeten sich Tiergruppen, die als Beobachter*innen die Lage kommentieren: Wir können das ja nicht entscheiden, aber ich würde gerne ...; Sara und Abraham besprechen, wie es weiter gehen soll; Abraham allein unterm Sternenhimmel wendet sich an Gott, der ihm Nachkommen verheißt; Abraham im Gespräch mit Lot. Anschließend sollen sich die Gruppen so aufstellen, dass ihre Aktionen eine gute Abfolge ergeben.

Zurück in ihren Bühnenabschnitten (Abraham vor der Lichterwand, Sara und ein anderer Abraham in einem Nomadenzelt, die Schafe ums Lagerfeuer ...) spielen alle in der verabredeten Reihenfolge. Wer zum Publikum gehört, bleibt sitzen.

Spielergebnisse: Maria war als Sara nicht einverstanden, dass Abraham Lot die Entscheidung einfach überließ. Sie bestand auf dem fruchtbaren Weideland, das auch sie für ihre Tiere brauchten. Abraham sollte noch einmal mit Lot reden. Die Schülerin identifizierte sich mit Sara, dachte sich in die Problematik hinein und ließ nicht locker. Der Abraham-Spieler kapitulierte vor ihrer Power und ihren Argumenten.

Die Rollenübernahme, die damit verbundene Identifikation und Auseinandersetzung führten dazu, dass die Kinder mit ihrer subjektiven Interpretation an Textstellen ansetzten. Sara hatte beim Spiel ihren großen Moment, auch wenn er so nicht in der Bibel steht: Eigentlich ging es hier um das Gottvertrauen, das in Abrahams Entgegenkommen Lot gegenüber zum Ausdruck kommt. Dennoch war die Haltung der Schülerin in der Rolle der Sara beispielhaft dafür, wie man mit einem Interessenkonflikt umgehen kann: »Abraham, da ist das letzte Wort noch nicht gesprochen! Du musst noch einmal mit Lot verhandeln ...« Das musste thematisiert und gewürdigt werden. Und in einem weiteren Durchlauf erklärte sich eine andere Schülerin als Sara einverstanden mit dem Weg ins Bergland; sie sagte in dieser Rolle: »Wir können auf Gott vertrauen, er ist überall bei uns.«

4.5 Exkurs Rezeptionsästhetik

Ein und derselbe Text bringt immer wieder andere Interpretationen und damit auch andere Bedeutungen hervor. Die Rezeptionsästhetik betont die Polyvalenz (Vieldeutigkeit) und den dialogischen Charakter des biblischen Textes, die im Lesen, Hören, Erzählen und Spielen erfahrbar werden. Problematisch ist eine lehrerorientierte Vermittlung, die der Lehrkraft ein Deutungsmonopol einräumt. Eindimensionale pädagogisierende Sinndeutungen (z. B klassisch die eine richtige Übertragung der Bildhälfte beim Gleichnis), bei denen das Ergebnis von vornherein feststeht, werden weder den Kindern noch dem Text gerecht. »Eine rezeptionsästhetische Bibeldidaktik hält die Fragen der Kinder, ihre Auslegungen und kreativen Umgangsweisen mit dem biblischen Text für zentral. Durch die Wahrnehmung der kindlichen Beiträge wird die Welt der Kinder nicht nur greifbarer, sondern die biblischen Texte selbst sprechen durch die Kinderäußerungen auf neue Weise. So wird die Kommunikation zwischen Schüler*innen und biblischem Text gefördert.«[9]

Fricke weist grundsätzlich darauf hin, dass Kinder entwicklungsbedingt biblische Texte im übertragenen Sinne lesen können. Rainer Obertür macht die Erfahrung, dass für »Kinder schon vom Grundschulalter an sowohl wörtliches, als auch symbolisches Verstehen parallel ohne kognitive Probleme möglich ist«[10] und belegt dies durch konkrete Äußerungen von Kindern zu vielschichtigen Texten der Bibel wie z. B Gleichnissen.

---

9   Michael Fricke, Rezeptionsästhetisch orientierte Bibeldidaktik – mit Kindern und Jugendlichen die Bibel auslegen, in: Bernhard Grümme/Hartmut Lenhard/Manfred L. Pirner, Religionsunterricht neu denken. Innovative Ansätze und Perspektiven der Religionspädagogik, Stuttgart 2012, S. 210.

10 Rainer Oberthür, Kinder und die großen Fragen. Ein Praxisbuch für den Religionsunterricht, unter Mitarbeit von Alfons Mayer, München 1995, S. 91.

Interessant ist, was im Text die Aufmerksamkeit der Kinder erregt. »Die Relevanz-systeme der Kinder zeigen sich besonders in ihren Fragen zum Bibeltext.«[11] Fricke betont, wie wichtig es ist, ihre Deutungen in ihrem Eigensinn wahrzunehmen und nachzuvollziehen. Es geht darum, sie im eigenen Entdecken, Umgehen und Deuten mit dem Text zu unterstützen, damit sich bei ihnen eigene Vorstellungsbilder ent-wickeln, diese ausgetauscht und (mit-)geteilt werden können. Das Interesse an ihren Äußerungen und die Wertschätzung ihrer Beiträge sind zentrale Anforderungen an die Lehrkraft. Subjektorientierung bedeutet hier, sich ganz individuell zum Text in Beziehung setzen zu können, aber auch ihn in dialogischen Begegnungen, in Prozes-sen der Ko-Konstruktion zu erschließen.

4.6 Methodisches Vorgehen zum Abschnitt »Abraham und die drei Besucher«

Besonderen Stellenwert hatte der Besuch der drei Fremden bei Abraham: Die Geschichte wurde zunächst von der Lehrerin erzählt und durchlief dann mehrere Spiel- und Reflexionsrunden. Gott selbst tritt in der Geschichte als Besucher auf. Die Reaktionen der Kinder auf diese Textstelle, die eine metaphysische Dimension ent-hält, sind besonders zu beachten.

Ich erzählte die Geschichte im Kamishibai mit vergrößerten Bildern von Kees de Kort (Pixibuch). Es ist von drei Besuchern die Rede, die Abraham gastfreundlich empfängt. Diesmal schauten wir uns die Geschichte auch in einer zweiten Ausfüh-rung an, um darüber ins Gespräch zu kommen: In der Neukirchner Kinderbibel wird die Begegnung ausführlich beschrieben: »Hör zu!«, sagte der Fremde. »Ich habe eine gute Nachricht für dich. Nächstes Jahr wird Sara einen Sohn haben.« Abraham war sprachlos: Was sagte der Fremde? Woher wusste er das? Aber Sara hatte es bereits gehört. Sie stand im Zelt hinter der Tür und hatte gelauscht. »Was?«, sagte sie zu sich selbst und lachte leise in sich hinein. »Ich soll noch ein Kind bekommen?« »Warum lacht Sara?«, fragte der Fremde. »Traut sie Gott nicht zu, dass er ihr ein Kind schen-ken kann?« Als Sarah ihr Lachen leugnet, meint der Besucher: »Doch! Du hast wirk-lich gelacht.« Da ahnten Abraham und Sara, wer zu ihnen gekommen war. Gott, der Herr hatte sie besucht, begleitet von seinen Engeln. Gott selbst hatte ihnen die gute Nachricht gebracht.[12] Die Kinder gingen auf die Unterschiede der Texte ein, vor allem bei der Aussage, Gott selbst hätte sie besucht. Wir stellten die Stelle zur Diskussion und bauten dafür Stühle für eine Expertenrunde auf. Bibelexpert*innen sprachen vor Publikum über den Inhalt.

---

11 Fricke, S. 216.
12 Irmgard Weth, Neukirchner Kinder-Bibel, Neukirchen-Vluyn 1990, S. 31.

*Verschiedene Deutungsweisen der Schüler*innen (War einer der Männer Gott?)*

-   Zoe meinte als Expertin, Gott wäre (verwandelt) als Mensch zu ihnen gekommen. Er hätte seine Engel (als Männer verwandelt) dabei. Auf meine Frage, wer auch dieser Meinung wäre, meldeten sich Maria K. und Adam.
-   Yael sagte als Bibelforscherin, sie müsse sich da erst nochmal Gedanken machen. Es wären Männer gewesen. Ihrer Meinung schlossen sich Aisha, Anthony, Maria A., Melissa und Maya an. Als ich Jonas direkt ansprach, meinte er: Fragezeichen.
-   Maria A. meinte, Gott im Himmel hätte das direkt zu den Männern gesagt und sie hätten es Abraham weitergegeben. Louis schloss sich an: Die Männer wären auf dem Weg unterwegs gewesen, Gott hätte es ihnen gesagt, deshalb konnten sie es Abraham weitergegeben.

Um das Zelt (mit Decke abgehängter Schülertisch), lagen Kostümteile und Requisiten. Die Kinder positionierten sich zu ihren Wunschrollen. Die Männer wurden von drei Schüler*innen gespielt, jede*r Spieler*in hat einen oder zwei Sätze. Die Satzvorschläge der Kinder wurden von mir mitgeschrieben. Vor der Einladung unserer Zuschauer*innen sprachen wir die Szene genauer ab.

Rollenarbeit: Spiele die Rolle Abrahams als guter Gastgeber; die Rolle des Mannes mit Prophezeiung besonders streng; die Rolle der Sara neugierig mit Alltagshandlungen in der Küche (Pausen setzen und lauschen); die Rolle der anderen Männer als höfliche Gäste (begrüßen, berichten, Speisen loben). **Chorisches Sprechen:** Die Schäfchen lauschten und wiederholten, was gesprochen wurde, in verschiedenen Lautstärken (in verschiedenen Emotionen: erstaunt, freudig, geheimnisvoll, ...).

Dann entdeckten die Kinder in meiner Tasche eine Babypuppe. Sie freuten sich gleich, auch wenn ich mich beschwerte, weil sie schon in mein Material reingeschaut hatten, obwohl es noch nicht geplant war. Aber sie jubelten: Das Baby wird geboren! – Als hätten sie schon lange darauf gewartet.

Yael konnte sich sogar an den Namen Isaak erinnern. Dann fragte sie, ob Abraham nicht zwei Söhne gehabt hätte. Das hätte ihr Vater ihr erzählt. Ich nahm das zum Anlass und führte Information über Ismael und Hagar an. Zur Visualisierung verwendete ich ein Bild von Abraham, seinen zwei Frauen und den zwei Söhnen in einer gleichberechtigten Darstellung.

Wir setzten die Geburt und Freude über den Sohn Isaak ans Ende der Szene mit den drei Besuchern. Sara kam, wenn sie die Bühne verlassen hatten, mit dem Baby hinter dem Zelt hervor. Sie trat neben Abraham und die beiden waren mit dem kleinen Isaak unser Schlussbild.

Als ich davon erzählte, dass Abraham mit einer zweiten Frau einen Sohn hatte, zeigten die Kinder Verwunderung. Ich sagte dazu, dass das bei uns nicht möglich ist, als Mann zwei Frauen zu haben und einige bestätigten, bei ihnen gebe es eben Mutter und Vater ... Ich zeigte ein Bild, auf dem Abraham, die beiden Frauen und Söhne zu sehen waren. Die Kinder schätzten ein, wie groß der Altersunterschied zwischen den Jungen etwa war, identifizierten Isaak als den Jüngeren. Wir erinnerten uns an die verschieden Religionsunterrichte: Für die Kinder im islamischen Unterricht ist Ismael ganz wichtig, für die Christ*innen Isaak. Für den Moment ließ ich die Information so stehen.

5   Momente interreligiöser Begegnung

Geplant war ein Spiel der Szenen »Aufbruch und Berufung«, »Trennung von Lot«, »Die drei Besucher« und »Isaak wird geboren« vor Zuschauer*innen der Gruppe islamischer Viertklässler*innen. Meine islamische Kollegin schlug vor, mit ihrer Gruppe die Umrundung der Kaaba durch die Pilger*innen zu spielen, die an das Erbauen der Kaaba durch Abraham und seinen Sohn Ismael erinnern soll. Als Gesprächsgrundlage hatten wir den Stammbaum Abrahams vorbereitet, der die beiden Volksstämme mit Isaak und Ismael als Gründerväter zeigt. Ich selbst hatte mich sehr auf die Begegnung mit den Viertklässler*innen gefreut, denn viele hatte ich im Englischunterricht und es befanden sich enge Freunde von Geschwisterkindern meiner Erstklässler*innen unter ihnen. Doch dann erkrankte meine islamische Kollegin und die Aktion wurde Woche um Woche verschoben. Schließlich fragte ich einen islamischen Kollegen, der auch die erwähnte Fortbildung besucht hatte und ebenfalls mit Erstklässler*innen arbeitete. Wir luden diese Gruppe als Zuschauer*innen ein. Sie nahmen bei unserer kleinen Vorstellung rechts und links am Wegrand Platz. Äußerungen unserer Zuschauenden: »Das haben die so aufgebaut, wie es früher war.« »Wieso früher? Meine Familie hat wirklich Ziegen.« »Abraham ist unser Prophet. Gott hat Ismael gerettet. Er hat mit seinem Vater die Kaaba aufgebaut.« Die Zuschauer*innen würdigten unsere Inszenierung. Es kam nicht zu dem interreligiösen Dialog, der mit den Viertklässler*innen möglich gewesen wäre. Das Besondere aber war die Aufmerksamkeit und Überraschtheit unserer Gäste: Es faszinierte sie, dass wir die Geschichten im Religionsunterricht spielen und versuchen, sie in einer ästhetischen Form zu präsentieren. Positive Resonanz gab es vor allem für die Darstellung von Episoden aus der damaligen orientalischen Gesellschaft. Anhaltspunkte für gemeinsame Wurzeln unserer Tradition ließen sich erahnen, die hier im szenischen Rahmen liebevoll, mit Ernsthaftigkeit und Begeisterung aufgebaut wurden. Damit erwies sich der methodische Zugang mit abschließender Präsentation als Möglichkeit, im Anderen das Eigene aufscheinen zu sehen!

6   Aspekte einer performativen Didaktik

An den Schluss meines Kapitels möchte ich einige Gedanken zu einer performativen Didaktik stellen. Sie sollen zum Weiterdenken anregen und Lust auf eigenes Erproben, auf szenisch-kreatives Arbeiten machen:

»Performativ« ist ein mehrdeutiger Begriff, der verschiedene Aspekte wie Handlungs-, Subjekt-, Erfahrungs- und Prozessorientierung beinhaltet. Performative Methoden vermitteln sich über den Körper, sie sind ganzheitlich und räumen dem Einzelnen individuelle Gestaltungsmöglichkeiten ein. Szenisches Arbeiten im Religionsunterricht bahnt aktive, konstruktive Prozesse an, situativ gebundenes, anwendungsbezogenes Lernen im Sinne eines Probehandelns. Es geschieht im Modus eines Experiments. Es öffnet sich einerseits ein spontan-kreativer, improvisatorisch offener Handlungsspielraum, der stilistische Unreinheiten erlaubt. Richtig oder falsch gibt es nicht, auch wenn etwas treffend, passend oder angemessen erscheinen kann. Andererseits sind wesentliche Aspekte geplant und verabredet. Was, wie, womit und wo sind solche Komponenten eines räumlich situativen Kontextes. Imaginationsfähigkeit für die betreffenden Situationen und Einfühlungsvermögen in die Figuren werden gefördert.

Für den*die Spieler*in bietet es die Gelegenheit, etwas in lustvoller Selbstvergessenheit zu zeigen, seine*ihre Präsenz ist wesentlich. Performativ heißt hier etwas darstellen, in Szene setzen, etwas verfremden und neu schaffen, das auf den traditionellen, religiösen Inhalt bezogen ist. Hans Mendl lädt zur Erprobung religiös relevanter Handlungsformen ein, mit der Möglichkeit zu subjektiver Bedeutungszuweisung. Performative Handlungen werden unterschiedlich mit Sinn gefüllt. Es geht nicht um die Vermittlung objektiven Glaubenswissens. Ob es bei einem spielerischen Erkunden bleibt oder ob es echter Vollzug wird (z. B beim Segen), ist die eigenverantwortete Entscheidung des lernenden Subjekts.[13]

Im Religionsunterricht kann es zur Begegnung mit dem Unverfügbaren kommen. Religiöse Inhalte, Schichten einer Geschichte, sind nicht allein rational zugänglich. Der Zugang ist ein metaphorisch symbolischer. Szenische Bilder können entstehen, in denen ein spiritueller Gehalt Gestalt annimmt. Sehen und Wiedererkennen sind möglich. Wahrnehmungsorientierter Religionsunterricht im Sinne ästhetischer Bildung setzt einen leib-seelischen Zugang zu Inhalten voraus. Peter Biehl drückt es so aus: eine neue Erfahrung mit der Erfahrung machen.[14] Die Vergegenwärtigung legt eine produktive Verlangsamung nahe. Performativ ästhetisches Lernen wird möglich

13   Hans Mendl, Religion zeigen, erleben, verstehen. Ein Studienbuch zum performativen Religionsunterricht, Stuttgart 2016.
14   Peter Biehl, Erfahrung, Glaube und Bildung. Studien zu einer erfahrungsbezogenen Religionspädagogik, Gütersloh 1991.

im Spannungsverhältnis Ich – Gruppe – Figur. In dieser besonderen Form der Hermeneutik kann ein leib-seelisches Textverstehen möglich werden.

Performative Lernräume, Arrangements können vorbereitet werden, das Spiel erfährt durch die Einführung und Vorbereitung eine kognitive Verankerung. Der Lehrende kann letztendlich nicht steuern, ob subjektiv bedeutsame, nachhaltige Erfahrungen gemacht werden. Die tatsächliche Wirkung ist nicht verfügbar.

Fest steht aber auch, dass es hier um durchdachte didaktische Prozesse geht. Für Methoden wie Rollenübernahme wird Ernsthaftigkeit erwartet, Einfühlung und Durchhalten der Rollenübernahme. Methodisch gibt es ein strukturiertes Vorgehen, eine didaktische Stufung. Doch die Lehrperson kann nur bereitstellen und anbieten. Was sich ergibt, entzieht sich ihrer Steuerung. Eine Balance ist nötig zwischen Handeln und Deuten, zwischen Erleben und Nachdenken, Inszenieren und Reflektieren. Offenheit, Selbstbestimmtheit und Partizipation sollen in diesen Formaten ernst genommen werden. Nach einer diskursiven Einführung geht es um performatives Erleben und im Anschluss um Äußerung von Wahrgenommenem, um Reflexion.

Die in Offenheit und Spiel enthaltene Kontingenz lässt eine Preisgabe von Autorität auf inhaltlicher und organisatorischer Ebene befürchten, in einem kreativen Umgang mit den biblischen Texten. Von manchen Seiten wird die Gefahr gesehen, die Dignität der Glaubensinhalte könnte angegriffen, der Sinnhorizont verfehlt werden und es könnte zu einer Profanisierung der Inhalte kommen. Dem kann entgegengehalten werden, dass kreativer Umgang mit den Inhalten auf eine fachlich vorbereitete, sensible und respektvolle Weise geschehen muss. Auch hier sind Anleitung und Form nötig, Prozesse werden moderiert und ausgewertet, subjektiv Persönliches immer wieder auf religiöse Überlieferung bezogen. In der Phase der Reflexion kann die Lehrkraft den Blick vom Spiel der Kinder wieder zurücklenken auf die (theologischen) Aussagen der Bibel und wird nun für solche Hinweise, nach der intensiven persönlichen Begegnung, große Aufmerksamkeit bei den Schüler*innen erwarten können.

Das große Potenzial einer performativen Didaktik liegt in ihrem spielerischen Zugang: Zwischen Rollen- und Selbstdarstellung, zwischen Spontaneität und Verabredung haben die Spieler*innen in ihrer Präsentation Gelegenheit zur Selbstmitteilung und Selbstreflexion. Es geht nicht nur um Textoffenbarung, sondern auch um sie als Subjekt: Das Ich und die Gruppe werden radikal ernst genommen! Sehe ich als Spieler*in Parallelthemen aus meiner Lebenswirklichkeit? Welche (existenziellen) Themen der Geschichte haben Relevanz für mich persönlich? Wie der Text ist auch das Spiel, in dem eine eigene Wirklichkeit konstruiert wird, mehrdeutig und selbstreferenziell. Neben den Spieler*innen sind auch die Betrachter*innen und ihre Wahrnehmungsweisen Teil der performativen Aktion. Feedbackrunden geben Gelegenheit zur Reflexion der Erfahrung: Was hast du erlebt? Was teilst du mit deiner Figur, was teilst du mit deinen Mitspieler*innen? Die dialogische Arbeitsweise führt auf vielen Ebenen zu einer nachhaltigen Auseinandersetzung. Es ist also lohnenswert, dieser Methode im Religionsunterricht Raum zu geben!

Literatur

Biehl, Peter, Erfahrung, Glaube und Bildung. Studien zu einer erfahrungsbezogenen Religionspädagogik, Gütersloh 1991

Fricke, Michael, Rezeptionsästhetisch orientierte Bibeldidaktik – mit Kindern und Jugendlichen die Bibel auslegen, in: Bernhard Grümme/Hartmut Lenhard/Manfred L. Pirner, Religionsunterricht neu denken. Innovative Ansätze und Perspektiven der Religionspädagogik, Stuttgart 2012

Mendl, Hans, Religion zeigen, erleben, verstehen. Ein Studienbuch zum performativen Religionsunterricht, Stuttgart 2016

Schmid, Konrad, Literaturgeschichte des AT, Darmstadt 2008

Ströbel-Langer, Michaela, Das Eigene im Schutz der Rolle zeigen. Entwicklung eines Praxiskonzepts für das Theaterspielen im Primarbereich, München 2018

Strübind, Kim, Abrahams Exodus. Eine theologische Skizze zu Genesis 12,1–4, in: Arbeitshilfe Gottesdienst der ev. luth. Kirche in Oldenburg

Tillich, Paul, Wesen und Wandel des Glaubens, Berlin 1961

Mit den passenden Schuhen auf dem Weg zu Gott – oder: der Umgang mit der Schülerfrage: »Vergibt Gott den bösen Menschen wirklich?«

Simone Sichert

0   Vorbemerkung

Mein Kapitel in diesem Buch möchte ich dazu nutzen, Ihnen meine ganz persönliche Sicht auf Religionsunterricht ein Stück weit vorzustellen. Diese entwickelte sich durch meine langjährige Arbeit als Lehrerin und den damit verbundenen Erfahrungen, durch den Austausch mit meinen evangelischen und katholischen Kolleg*innen, das Betreuen von Lehramtsanwärter*innen, die Zusammenarbeit mit Seminaren, eigenen Referententätigkeiten und die Teilnahme an diversen (bibliodramatischen) Fortbildungen. Die folgende Sequenz »Gottesbilder – mein Gottesbild« und die ausführlich dargestellte Einheit »Verzeiht Gott den bösen Menschen wirklich?« anhand der Perikope »Zachäus der Zöllner«, die aus einer Schülerfrage entstand, wurde von mir auf dem Hintergrund meiner reflektierten Praxis entwickelt.

»Mit welchen Schuhen gehst du?«, so lautet der Titel dieses Werkes. Genau dieses vielschichtige Bild der **Schuhe** möchte ich immer wieder aufgreifen. Einmal, wenn es darum geht, zu überlegen, mit welchen Schuhen, also welchen Methoden, Kindern persönliche, existenzielle Zugänge zu Fragestellungen und Themen, die sie selbst bewegen, ermöglicht werden können. Ein zweites Mal, wenn wir über Gott und unseren eigenen Glauben nachdenken. Welche Schuhe nutzen wir bzw. welche Schuhe haben wir im Angebot, wenn wir uns auf den Weg zu Gott machen? Welche sind besser geeignet, welche weniger? Und: Muss man erst einmal zu kleine, kaputte oder ausgetretene Schuhe tragen, um den Wert der passenden erkennen zu können? Aus diesen Gedanken und Überlegungen kristallisiert sich ein zweites Bild heraus: der **Weg** – der Weg, den wir selbst gehen auf unserer Suche nach Gott und der Weg, den wir mit den Schüler*innen im Religionsunterricht beschreiten, wenn wir nach Gott fragen. Schließlich fehlt zuletzt noch: das **Ziel**. Wohin und worum geht es im Leben und im Religionsunterricht? Wer oder was spielt die zentrale Rolle? **GOTT!**

Jede*r Lehrende und jede*r Lernende hat ganz eigene Vorstellungen von Gott. Diese sind aus unserem bisherigen Leben und den bereits gegangenen Wegen und Umwegen entstanden. Beeinflusst wurden sie durch die Menschen, die uns dabei begleiteten oder die sich uns scheinbar in den Weg stellten, Irrtümern und Überzeugungen. Die (religiöse) Erziehung durch die Familie, die Kirche, den Gottesdienst, christliche Jugendgruppen, den Religionsunterricht und die Auseinandersetzung mit anderen Religionen prägen unsere Sicht auf Gott. Texte, Gespräche, Erlebnisse und Bilder spielen eine weitere zentrale Rolle. Dabei und dadurch ist in jedem von uns ein ganz persönliches Bild von Gott entstanden, das für uns im Moment so richtig und passend ist und welches unser Denken und Handeln – bewusst und unbewusst – beeinflusst. Dieses persönliche Gottesbild ist nicht starr. Es wird im Laufe unseres Lebens deutlicher und manchmal auch verschwommener, festigt sich oder entsteht neu. Spricht man mit Kindern über Gott, haben diese oft ganz klare Ansichten, die uns als Erwachsene erstaunen, erschüttern oder faszinieren. In meinem Unterricht ist es mir schon oft passiert, dass mir ein*e Schüler*in eine überraschend stimmig Antwort geben konnte, die ich so nie hätte formulieren können. Mit ganz einfachen Worten brachten sie mir eine Facette Gottes näher, die ich so nie gesehen hätte. Daneben haben Kinder unzählige Fragen zu Gott, auf die sie (noch) keine Antwort haben, so wie auch ich. Und um diese Antworten geht es. Wie kommen Schüler*innen zu ihren Vorstellungen und wie finden sie persönliche Antworten zu ihren ureigenen Fragen? Wie können wir ihnen als Lehrer*innen dabei helfen, existenzielle und persönliche Zugänge zu Gott zu finden?

1 Bewusste Schritte, eine gute Orientierung und die richtigen Schuhe führen zum Ziel

1.1 Erste Schritte bedenken

Der Ausgangspunkt meines Religionsunterrichts sind die einzelnen Schüler*innen. *Ihre* Erfahrungen, Vorstellungen und Fragen stehen im Zentrum, wenn wir im Unterricht gemeinsam einen Lernweg entwickeln und beschreiten. Wenn Schüler*innen die Möglichkeit haben, bei ihren eigenen Vorstellungen anzusetzen, diese mit anderen wertungsfrei austauschen können und existenzielle Lernwege beschreiten dürfen, entsteht Interesse. Dann haben sie die Chance, wirklich zu lernen, zu verstehen und zu begreifen. Im Religionsunterricht ist dies in besonderer Weise wichtig, da kein Mensch die wirklichen Antworten kennt. Es geht um Glauben. Glaube muss spürbar werden. Über das Erspürte kann man sich austauschen. Dadurch entstehen neue Vorstellungen und das Gespür kann sich verändern und damit wiederum der Glaube. Als Lehrerin möchte ich im Religionsunterricht Gelegenheiten schaffen, Glaubenserfahrungen zu ermöglichen, damit *persönliche* Antworten und ein *persönlicher* Glaube entstehen können und sich das eigene Gottesbild weiterentwickelt.

Folgende drei Stufen sind bei diesem Verständnis von Religionsunterricht hilfreich:
1. Der erste Schritt ist der entscheidende. Es geht darum, genau hinzuschauen und hinzuhören, was Kinder beschäftigt und was sie an Vorstellungen, Ideen, Wissen

und Fragen mitbringen. Als Lehrerin übernehme ich somit auch nicht allein die Planung, sondern beziehe meine Schüler*innen bewusst mit ein. *Auf die Sequenz bezogen bedeutet das: Ich wählte das Thema »Gottesbilder – mein Gottesbild« für die nächsten sieben Wochen. Der Weg entstand miteinander. Meine Schüler*innen formulierten zunächst ihr Gottesbild und stellten dann ihre persönlichen Fragen zu Gott. Gemeinsam überlegten wir, wo wir Antworten finden können.*

2. Nun ist es Aufgabe des*r Lehrer*in, sich die eigene Haltung zu einer konkreten Fragestellung, einer Geschichte aus der Bibel, einem Verhalten, ... bewusst zu machen, denn diese beeinflusst immer unser weiteres Denken, Planen und Handeln. *In der vorliegenden Sequenz war für mich die Frage nach meinem eigenen Gottesbild zentral. Für die Einheit zur der Schülerfrage: »Vergibt Gott den bösen Menschen wirklich?« war es meine persönliche Auseinandersetzung mit den Begriffen »böse« und »Vergebung«.*

3. Schließlich geht es um die konkrete Vorbereitung der einzelnen Stunden. Ein offener, spontaner, schülerorientierter Unterricht gelingt nur dann, wenn er gut vorbereitet ist: Die Orientierung am Lehrplan, das Lesen von Fachliteratur zum Thema und die Erstellung von eventuell benötigtem Material sind jetzt gefordert. Das verschafft die nötige Trittsicherheit auf dem noch unbekannten Weg und sorgt dafür, dass uns größere und kleinere Steine, unvorhergesehene Abzweigungen und überraschende Wegbegleiter nicht ins Schleudern bringen. *Ich musste nun also eine grobe Sequenz denken, einen zeitlichen Rahmen abstecken, sequenzübergreifende Methoden (Logbuch) finden und mich dann von Einheit zu Einheit speziell (Lehrplan, Exegese, Material) vorbereiten.*

1.2   Orientierungspunkte setzen

Der genaue Ablauf einer Sequenz ist also im Voraus nicht im Detail planbar, sondern ergibt sich von Stunde zu Stunde neu. Das darf allerdings nicht so verstanden werden, dass ich »ins Blaue hinein« marschiere. Jede Sequenz und jede Unterrichtseinheit braucht klare Orientierungspunkte, die sowohl dem*der Lehrer*in als auch den Schüler*innen stets präsent sein müssen. Möglichkeiten für Orientierungspunkte können sein:

- **eine Methode,** die sich durch die komplette Sequenz zieht, zum Beispiel das persönliche Logbuch, in welchem die Schüler*innen ihre Fragen, Ideen, Erfahrungen, Gedanken und Erkenntnisse festhalten – *mein Gottesheft,*
- **eine Fragestellung,** die den Beginn und das Ende einer Einheit bestimmt: *Schülerfrage: »Verzeiht Gott den bösen Menschen wirklich?«,*
- **ein Thema** (*Gottesbilder – mein Gottesbild*) – vielfältige Inhalte, die entsprechend der Fragen der Kinder bewusst gewählt werden: *Interviewergebnisse mit Familienmitgliedern, Erkenntnisse aus dem Gottesdienst, Symbole, Psalmen, Gebete, Gleichnisse,*
- **ein fester Zeitrahmen,** den der*die Lehrer*in nicht aus dem Blick verlieren darf: *sieben Wochen.*

1.3 Passende Schuhe wählen

Genauso wie die Inhalte sehr bewusst ausgewählt werden, ist das auch bei den Methoden der Fall. Es passt nicht jeder Inhalt zu jeder Methode und nicht jede Methode zu jedem Kind. Deswegen ist am Anfang wieder folgende Frage sinnvoll: Welche *persönliche* Erfahrung möchte ich dem Kind ermöglichen? Oder bezogen auf die Sequenz: Zu welcher Fragestellung soll eine *persönliche* Antwort gefunden werden? Entsprechend wähle ich Inhalt und Methode. Möchte man den Kindern die Chance bieten, *persönliche* Erfahrungen zu machen, sind Methoden aus dem Bibliodrama gut geeignet. Angewendete Methoden müssen vorher selbst erlebt werden und sie sind zu reflektieren, um ihre Wirkung zu erfahren. Wichtig ist auch das Erkennen der jeweils ausgelösten seelischen Prozesse, die selbst nicht Sache des Unterrichts sind. Fragestellungen wie »Worauf habe ich mich selbst gerne eingelassen?« und »Mit welcher Methode kann ich mich persönlich überhaupt nicht anfreunden?« sind hier hilfreich, denn unser Empfinden beeinflusst auch unser Handeln als Lehrer*in. Dabei ist es wichtig, die Schüler*innen genau zu kennen, um einzuschätzen, welche Erfahrungen für sie weiterführend, überfordernd oder blockierend sind. Bei allem Freiraum zeigt sich hier eine klare Grenze für den*die Lehrer*in, da wir nicht als Psycholog*innen ausgebildet sind. Deswegen der Grundsatz: Lieber weniger als mehr, dafür aber bewusst und passend. Oder: Nicht alle Schuhe in deinem Regal passen zum Anlass. Manche Schuhe aber trägst du am liebsten jeden Tag. Das gibt Sicherheit und hilft dir, einen guten Weg zu beschreiten, vor allem, wenn du ihn zusammen mit Kindern gehen möchtest.

2 Los geht's!

2.1 Der Weg im Rückblick betrachtet

Zusammen mit den Schüler*innen entwickelte ich folgende Sequenz zum Thema »Gottesbilder – mein Gottesbild«.

Unterrichtseinheiten (nicht im Sinne von einzelnen Schulstunden zu verstehen!):

1. Das weiß ich schon über Gott → So sehe ICH Gott
   - Ideen und Vorwissen der Kinder sammeln und dabei unterscheiden: Das habe ich gehört/gelernt. – Das spüre ich/fühlt sich richtig an/weiß ich einfach.
2. Das will ich über Gott wissen → Meine Fragen zu Gott
   - Alle Fragen zu Gott, die den Kindern auf der Seele brennen, aufschreiben lassen
   - Fragen sortieren (Fragen nach Gottes Aussehen/existenzielle Fragen/...)
   - Fragen nach »Wichtigkeit« ordnen

3. Woher bekomme ich Antworten?
   • Bibel/Lehrer*in/Familie/Gottesdienst (→ Kinder dürfen auch zu Hause an der Frage nach Gott arbeiten)
4. Was andere über Gott denken
   • Interviewbogen für Familie/Freunde entwickeln
   • Aussagen der Familien/Freunde reflektieren
5. Viele Fragen – viele Antworten: Das Vaterunser
   • Auf welche Fragen finde ich im »Vaterunser« persönliche Antworten?
6. Schülerfrage: »Warum brauchen wir Gott (einen Vater), wenn wir doch selbst eine Familie haben?« → Psalm 23
7. **Schülerfrage: »Vergibt Gott den bösen Menschen wirklich?« – Lk 19,1–10: »Zachäus der Zöllner«**
8. Schülerfrage: »Ist Gott Licht? Warum ist Gott Licht?« → Begegnung mit dem Symbol »Licht«
9. Mein Gottesbild → Gottescollage

Denkbar wäre es auch, ein ganzes Schuljahr unter das Thema »Gottesbilder – mein Gottesbild« zu stellen. Warum eigentlich nicht? Alternativ kann man das Gottesheft auch parallel weiterführen und immer wieder daran arbeiten oder es zu einem persönlichen Tagebuch weiterentwickeln.

2.2 Wegetappe 7: Schülerfrage: »Vergibt Gott den bösen Menschen wirklich?« Lukas 19,1–10: »Zachäus der Zöllner«

Als Arbeitsgrundlage diente mir unter anderem folgende Stelle aus der Lutherbibel 2017, welche ich nacheinander unter den Aspekten »persönlicher Zugang«, »Exegese« und »Unterrichtsplanung« betrachtete:

»1 Und er ging nach Jericho hinein und zog hindurch. 2 Und siehe, da war ein Mann mit Namen Zachäus, der war ein Oberer der Zöllner und war reich. 3 Und er begehrte, Jesus zu sehen, wer er wäre, und konnte es nicht wegen der Menge; denn er war klein von Gestalt. 4 Und er lief voraus und stieg auf einen Maulbeerbaum, um ihn zu sehen; denn dort sollte er durchkommen. 5 Und als Jesus an die Stelle kam, sah er auf und sprach zu ihm: Zachäus, steig eilend herunter; denn ich muss heute in deinem Haus einkehren. 6 Und er stieg eilend herunter und nahm ihn auf mit Freuden. 7 Als sie das sahen, murrten sie alle und sprachen: Bei einem Sünder ist er eingekehrt. 8 Zachäus aber trat vor den Herrn und sprach: Siehe, Herr, die Hälfte von meinem Besitz gebe ich den Armen, und wenn ich jemanden betrogen habe, so gebe ich es vierfach zurück. 9 Jesus aber sprach zu ihm: Heute ist diesem Hause

Heil widerfahren, denn auch er ist Abrahams Sohn. 10 Denn **der Menschensohn ist gekommen, zu suchen und selig zu machen, was verloren ist.«**

a) Persönlichen Zugang feststecken: Was ist »böse« und mit welchen Schuhen gehe ich den Weg zur Vergebung?
Ein Schüler schrieb die Frage: »Vergibt Gott den bösen Menschen wirklich?« auf, welche schnell zur zentralen Frage der Klasse wurde, denn bereits beim Vorlesen entbrannte eine hitzige Diskussion unter den Kindern.

Spannend war für mich an dieser Stelle das Wort »böse«. Beim intensiveren Nachdenken darüber fiel mir auf, wie oft ich diesen Begriff selbst verwende – sowohl in Gedanken, als auch in Worten – wenn ich beispielsweise erkläre: »Das habe ich nicht *böse* gemeint!« oder klarstelle: »Dieser Bekannte ist in seinem Verhalten schon sehr besonders, aber auf gar keinen Fall *böse!*«. Ich denke scheinbar also ziemlich oft wie ein Kind und drücke mich auch so aus. Allerdings mit einem entscheidenden Unterschied: 8–10-jährige Kinder bewegen sich noch sehr auf zwei Polen: Es gibt in ihrem Denken, Sprechen und Handeln oft nur »richtig« und »falsch«, »gut« oder »böse« und ganz wenig dazwischen. Wenn ich mich als Erwachsene so ausdrücke, kann das schnell als »Schwarz-Weiß-Malerei« oder »Schubladendenken« verstanden werden. Ist es aber nicht. Wie würden Sie selbst an dieser Stelle »gut« und »böse« definieren?

Eine spannende Frage. Mein Menschenbild kennt weder rein »gute« noch rein »böse« Menschen, sondern nur Geschöpfe Gottes, die immer beides in sich tragen – das »Gute« und das »Böse« oder anders ausgedrückt: das »Göttliche« und die »Sünde« beziehungsweise das »Menschliche« – bei jedem*r in unterschiedlich starker Ausprägung. Worauf es ankommt, ist wie man damit umgeht und was man im Leben will. Ich bin der Meinung, letztendlich möchte es jeder so »gut« wie möglich machen, was ihm jedoch nie gelingt. Wir sind nicht Gott. Aber wir haben die Möglichkeit, uns mit unserem Inneren auseinanderzusetzen und zu versuchen, in Gottes Sinne zu handeln. Darin haben wir oft Erfolg, müssen aber auch immer wieder beschämt feststellen, dass uns das an manchen Tagen überhaupt nicht gelingt, ganz im Gegenteil: Je mehr wir es wollen, desto weniger klappt es. Manchmal handelt man auch bewusst wider besseres Wissen und Fühlen, wider das eigene Gewissen. Und genau das ist menschlich. Wichtig ist, immer wieder innezuhalten und zu reflektieren. Sich selbst im eigenen Denken, Fühlen und Handeln sowie andere dabei mit den Augen Gottes zu betrachten. Das bedeutet, sich selbst und andere lieben zu können, so wie wir und sie sind, mit all unseren und ihren »guten« und »bösen« Anteilen und dabei immer ein bisschen stärker auf das zu schauen, was gelingt, aber dranzubleiben an dem, was noch zu lernen ist. Und dabei sind wir nicht allein. Gott begleitet uns, ist da und vergibt!

Meine persönliche »Erwachsenenantwort« auf die Schülerfrage: »Vergibt Gott den bösen Menschen wirklich?« lautet: »Ja, **aber** …!« Ja, da bin ich mir sicher. Letztendlich vergibt Gott allen Menschen alle Taten, allerdings nicht einfach so. Und jetzt kommt das Aber. Um Vergebung zu erhalten, spielen Reflexion über das eigene Verhalten, das sich Eingestehen von Schuld und auch das Bereuen eine Rolle. All das muss ehrlich und von einem selbst aus geschehen. Gott ist dabei derjenige der mich nie verlässt und endgültig verurteilt, auch wenn ich noch so viele Fehler mache. Er will jedoch, dass ich mich ihm zuwende, weil ICH es will. Ich soll bereuen und umkehren und zwar, weil es sich für mich genau so richtig anfühlt. Dafür habe ich so viel Zeit, wie ich brauche, denn Gott ist geduldig und wartet. Allerdings bleibt er nicht immer tatenlos. Er stellt mir immer wieder Schuhe in Form von Versuchungen, helfenden Menschen, guten Gedanken, eindrücklichen Erlebnissen, Symbolen und Bildern bereit. Ob ich sie trage oder nicht, ihren Wert erkenne oder verkenne, das liegt an mir. Das ist meine freie Entscheidung. Gehe ich schließlich auf Gott zu und bin bereit, neue, andere Wege zu gehen, dann steht er am Ende und nimmt mich mit offenen Armen auf, ganz egal, welche Verwirrungen und Verfehlungen ich auch zuvor begangen habe. Diese Chance habe ich ein Leben lang und auch darüber hinaus. Das ist Vergebung.

Wie aber schaffe ich es nun, dass meine Schüler*innen ihre persönliche Antwort zu dieser Fragestellung finden?

Dafür ist die Geschichte des Zachäus sehr geeignet. Sie bietet den Kindern zahlreiche Rollen, in denen sie sich ausprobieren können. Zachäus und die »Menge«, die ich der Einfachheit halber für die Kinder als »Nachbar*innen« beschrieb. Aus der Perspektive der Kinder werden hier die beiden Pole »gut« und »böse« dargestellt. Wir haben hier den »bösen« Zachäus, der den anderen viel zu viel Geld wegnimmt und deswegen ausgeschlossen wird. Daneben stehen die »guten« Nachbarn, die sich verstehen, eine Gemeinschaft bilden und scheinbar »gute« Menschen sind. Lukas rückt in meinen Augen den »bösen« Anteil des Zachäus ins Zentrum, wenn er ihn als »einen Oberen der Zöllner« beschreibt und die »Menge« ihn als »Sünder« bezeichnet (vgl. Lutherbibel 2017). Er möchte in seinem Gleichnis ja zeigen, wie Jesus damit umgeht.

Weitere Eigenschaften des Zachäus blendet er aus. Dass viel mehr in der Figur des Zachäus steckt, erklärt mir mein Menschenbild. Auch er hat »gute« Anteile, genauso wie »die Menge« auch »böse« in sich trägt. Wenn ich mir Zachäus vorstelle, passiert Folgendes: Hier ist ein Mensch, der von Berufs wegen anderen ihr Geld abnimmt. Das darf er. Wie viel er ihnen abnehmen darf, ist wohl nicht genau festgelegt. Die Möglichkeit, sich persönlich zu bereichern, ist gegeben. Die Verlockung ist da. Dieser erliegt er. In meinen Augen ein sehr gut nachvollziehbares, menschliches Verhalten. Das führt zu persönlichem Reichtum und einem materiell sorglosen Leben. Noch dazu ist er Kollaborateur mit der Besatzungsmacht der Römer.

Gesellschaftlich steht er damit am Rand. Andere begegnen ihm mit Neid, Argwohn und Hass. Sie schließen ihn aus. Es ist im Leben immer leicht und nur allzu

menschlich, seinen Unmut auf etwas anderes zu konzentrieren und einen Sünden-
bock zu haben. Das lenkt ab, von den eigenen Sorgen aber auch vom eigenen Fehl-
verhalten. Da ist ja schließlich einer, der noch viel schlimmer ist.

Ich kann mir vorstellen, dass Zachäus dadurch in eine Art Teufelskreis gerät. Die
Verachtung, die ihm seine Mitmenschen entgegensetzen, macht ihm sein Verhalten
wahrscheinlich nur umso leichter. Sie mögen ihn ja eh nicht, also kann er genauso
gut so weitermachen und es ihnen auf diese Weise vielleicht sogar ein bisschen
heimzahlen. Er wird äußerlich immer reicher und innerlich immer ärmer.

Dann kommt Jesus und er geht hin, um ihn zu sehen. Er klettert sogar auf den
Baum, um besser zu sehen und gesehen zu werden. Da stehen plötzlich Schuhe und
er zieht sie an. Es bietet sich eine neue Möglichkeit und er ergreift sie. Das ist sein
erster, vielleicht sogar noch unbewusster Schritt. Und was tut Jesus? Er sieht Zachäus
und erklärt ihm, dass er sein Gast sein will. Das reicht, denn ab jetzt scheint alles
wie von allein zu passieren. Zachäus steigt eilend zu Jesus hinunter, nimmt ihn mit
in sein Haus und die Worte sprudeln wie von selbst aus ihm heraus. Er ist bereit,
wiedergutzumachen, was er verbrochen hat. Und das reicht.

Verzeiht Gott den bösen Menschen wirklich? Ja, er reicht ihnen die Hand, immer
wieder. Wir Menschen müssen sie nur erkennen und ergreifen. Und damit wird alles
ganz leicht. Mit Gott an meiner Seite darf ich mir Fehler eingestehen und einen
neuen guten Weg gehen. Er stellt mir die Schuhe hin. Ich muss nur die passenden
wählen und schon gehe ich leicht und sicher.

Zachäus ist also genau deswegen als Antwort auf diese Frage so gut geeignet,
weil er in seiner Person Verhaltensweisen und versteckte Ängste verkörpert, die
wir alle kennen. Zachäus ist eine Figur, die offensichtlich etwas tut, das von anderen abgelehnt wird und das man als »böse« bezeichnen kann, wenn man will. Ihm
gegenüber steht die »Menge«, die ihn deswegen verachtet und ausschließt. Als Lehrerin möchte ich es nun aber schaffen, dass die Kinder Zachäus nicht nur als den
»Bösen« sehen und die Nachbar*innen als die »Guten« sondern alle als Menschen mit
»guten« und »bösen« Anteilen. Ich möchte also nicht reduzieren, sondern erweitern,
den Blick öffnen für die komplette Person, und zwar aus der eigenen Sicht und der
des anderen – und dabei Jesus ins Spiel bringen in seiner Reaktion auf Zachäus und
die anderen. Zum Schluss noch einmal alle zusammenführen. Wie die Kinder mit der
Geschichte und den Personen umgehen und welche Antworten sie finden, wird spannend. Sicher ist jedoch, dass sie Antworten finden werden – ihre ganz persönlichen.

An dieser Stelle habe ich für mich die Schülerfrage: »Vergibt Gott den bösen Menschen wirklich?« umformuliert in: »Was ist böse und mit welchen Schuhen gehe ich/
gehen wir den Weg zur Vergebung?« Das ist wichtig, damit wir in der Einheit nicht
in einer »Schwarz-Weiß-Sicht« hängenbleiben, sondern die Wirklichkeit differenziert
in den Blick nehmen.

b) Exegese

Die Erzählung gehört zum lukanischen Sondergut und steht *absichtsvoll* fast am Ende seines *Reiseberichts* (Lk 9,51–19,27), da darin *gewissermaßen das gesamte Wirken Jesu verdichtet* ist.[1] Lukas beschreibt Zachäus, dessen Name vom hebräischen »Zakaj«[2] (kommt vom entsprechenden Verb mit der Bedeutung *unschuldig sein/rein sein*) abgeleitet wird, als einen »*Oberer der Zöllner*«[3]. Das war damals ein Mensch, der sich das Recht, in einem bestimmten Gebiet Abgaben oder Gebühren zu erheben, gepachtet oder ersteigert hatte. Sein Anliegen war es, die eigenen Kosten zu decken, und außerdem dazu noch einen Gewinn zu erwirtschaften. Dies gelang am besten dadurch, dass er die Gebühren möglichst hoch ansetzte.[4] Als Zöllner war Zachäus also nach Lukas ein Mensch aus einer Gruppe, zu der Jesus ein gutes Verhältnis hatte (»Jesus als Freund der Zöllner und Sünder«, Lk 7,34)[5]. Andererseits verkörpert er als Reicher auch jemanden, dem Jesus kritisch gegenübersteht.[6] Dass Zachäus, »*klein von Gestalt*«[7] war, *steht im Gegensatz zu der Position, die er in Jericho hatte – eine Diskrepanz, die hier nur angedeutet wird,* jedoch *dazu anregt, das nicht Gesagte mit der eignen Vorstellung aufzufüllen.*[8] Fakt ist, dass Zachäus *auf einen Maulbeerfeigenbaum stieg, um ihn* (Jesus) *zu sehen*[9], woraufhin dieser zu ihm sprach: »*Zachäus, steig eilend herunter; denn ich muss heute in dein Haus einkehren.*«[10] Zachäus kommt dieser Aufforderung nach, *steigt eilend herunter.*[11] Wie dieser Besuch Jesu beim Zöllner nun genau vonstattengeht, ob sie zusammen essen und trinken, bleibt unerwähnt. Klar jedoch ist, dass die beiden allein im Haus sind, denn die Menschen draußen »*murren*«[12], weil Jesus bei einem »*Sünder*«[13] eingekehrt ist. Drinnen im Haus hat dies zur Folge, dass Zachäus Jesus freiwillig verspricht, »*Siehe, Herr, die Hälfte von meinem Besitz gebe ich den Armen, und wenn ich jemanden betrogen habe, so gebe ich es vierfach zurück.*«[14] Mit dieser Zusage bleibt er allerdings weit hin-

---

1 Peter Müller, Kindheitserzählungen nach Lukas und Matthäus – Zachäus, in: Lachmann, Rainer/ Adam, Gottfried/Reents, Christine (Hg.), Elementare Bibeltexte. Theologie für Lehrerinnen und Lehrer, Band 2, Göttingen 2018, 7. Auflage, S. 238.
2 Michael, Wolter, Zachäus, 2010, WiReLex, https://www.bibelwissenschaft.de/stichwort/56002/.
3 Lutherbibel 2017, Lukas 19,2.
4 Wolter, Michael, Zachäus, 2010, WiReLex, https://www.bibelwissenschaft.de/stichwort/56002/.
5 Ebd.
6 Ebd.
7 Lutherbibel 2017, Lukas 19,3.
8 Peter Müller, Kindheitserzählungen nach Lukas und Matthäus – Zachäus, in: Lachmann, Rainer/Adam, Gottfried/Reents, Christine (Hg.), Elementare Bibeltexte. Theologie für Lehrerinnen und Lehrer, Band 2, Göttingen 2018, 7. Auflage, S. 239.
9 Lutherbibel 2017, Lukas 19,4.
10 Ebd., Lukas 19,5.
11 Ebd., Lukas 19,6.
12 Ebd., Lukas 19,7.
13 Ebd., Lukas 19,7.
14 Ebd., Lukas 19,8.

ter dem zurück, was Lukas in Vers 5,28 von Levi erzählt.[15] Zudem tritt er auch *nicht als Jünger in die Nachfolge Jesu ein.*[16] Allerdings bringt ihn die Begegnung mit Jesus dazu, *sich seiner ethischen Verantwortung bewusst zu werden und entsprechend zu handeln.*[17] Jesu Einkehr bei einem *Sünder*[18], also seine *Zuwendung zum Zöllner*[19], rechtfertigt dieser doppelt: *Zachäus gehört zur Nachkommenschaft Abrahams, und die Aufgabe des Menschensohnes ist es, das Verlorene zu suchen.*[20] Für Peter Müller wird mit der Erzählung des Zachäus *eine Grundlinie des Evangeliums abgerundet: In der Zuwendung Jesu zu den Zöllnern und Sündern kommt die Zuwendung Gottes zu den Verachteten und Randständigen zum Ausdruck. Sie sollen nicht verloren sein.*[21]

c) Wie diese Gedanken meinen Unterricht beeinflussen

Dieses Wissen, kombiniert mit meinen eigenen Gedanken und Vorstellungen, beeinflusst nun meine Unterrichtsplanung, vor allem aber mein Fragen, Anleiten, Erzählen und Reagieren in der geplanten Einheit. Folgende Überlegungen und Vorbereitungen standen am Anfang meiner Stunde, deren genauen Verlauf ich erst im Nachhinein aufgeschrieben habe, weil er nicht im Detail planbar ist, sondern vom Agieren der Schüler*innen abhängt:

−   Um ins Thema zu finden, möchte ich, dass die Schüler*innen über den Begriff »Sünder« und das »Böse« nachdenken. Für diese Phase wählte ich die Methode der *Skalenarbeit.* So wird das Denken der Mitschüler*innen sichtbar und die Kinder merken, dass es neben der eigenen Position auch andere gibt, die sich teilweise von der eigenen sehr weit entfernen. Ein erster möglicher Schritt weg von den Polen.

−   Die hebräische Bedeutung von Zachäus heißt »rein sein«. Zachäus möchte ich also als Menschen darstellen, der wie wir seine Stärken und Schwächen hat. Wie die Schüler*innen das Nehmen von zu viel Geld einschätzen, sollen sie selbst erspüren und einordnen. Zachäus soll eine Person sein, in welcher die Kinder sich auch selbst wiederfinden können. Wie Zachäus zu seinen Nachbar*innen (Mitmenschen) steht, dürfen sie erleben, indem sie diese mit Abstand mit dessen Augen betrachten und umgekehrt.

−   Die »Menge« sind Jesu Jünger*innen, Wegbegleiter*innen und die Menschen aus Jericho. Ich mache sie in meiner Erzählung zu Leuten aus Zachäus' Umfeld in der

---

15   Wolter, Michael, Zachäus, 2010, WiReLex, https://www.bibelwissenschaft.de/stichwort/56002/.

16   Ebd.

17   Ebd.

18   Lutherbibel 2017, Lukas 19,7.

19   Peter Müller, Kindheitserzählungen nach Lukas und Matthäus – Zachäus in: Lachmann, Rainer/Adam, Gottfried/Reents, Christine (Hg.), Elementare Bibeltexte. Theologie für Lehrerinnen und Lehrer, Band 2, Göttingen 2018, 7. Auflage, S. 240.

20   Ebd., S. 240.

21   Ebd., S. 240.

Stadt, nämlich zu seinen Nachbar*innen. Diese lasse ich als Menschen in ihren Alltagssituationen (Arbeit, Feste, Sorgen, …) auftreten, wie die Schüler*innen das wahrscheinlich auch aus der eigenen Nachbarschaft kennen. Sie sollen an dieser Stelle die Chance bekommen, sich in der einen oder dem anderen wiederzufinden oder ihre ganz eigene Rolle als Nachbar*in zu entwickeln, wenn sie sich dafür entscheiden. Außerdem biete ich ihnen die Möglichkeit, Zachäus aus der Rolle des*der Nachbar*in in den Blick zu nehmen, damit sie ihre Gefühle und Einstellungen ihm gegenüber wahrnehmen und äußern können.

- Den Baum habe ich als Bild, aber auch als Stuhl parat. Was ich einsetze und ob ich es einsetze, muss sich aus dem Spiel ergeben.
- Die Rolle des Jesus übernehme ich selbst, parallel zu meiner Rolle als Erzählerin. Jesus spricht nachweislich nur ganz am Anfang und zum Schluss. Diese bewusst wichtigen Sätze spreche ich sehr eindrücklich und habe sie auch als Wortkarten parat. Während des Besuchs möchte ich als Jesus gar nicht bzw. so wenig wie möglich reden. Damit will ich verhindern, die Schüler*innen in eine bestimmte Richtung zu lenken.
- Es ist von Zachäus und der Menge, also *Einem* und *Vielen* die Rede. Deswegen stelle ich den Schüler*innen zunächst auf Bildern eine Person und mehrere Personen gegenüber. Dieser Impuls dient dazu, sich über »allein« und »zusammen« Gedanken zu machen und dabei das jeweils Gute aber auch nicht so Positive an der entsprechenden Situation in den Blick nehmen zu können.

Folgendes ist für mich an dieser Stelle spannend:
- Wie werden die Kinder im Spiel als Zachäus oder Nachbar*innen reagieren?
- Wie sehen sie sich in der eigenen Rolle und was erkennen sie in der der anderen?
- Was empfinden und fühlen sie in diesen intensiven Phasen und wie äußert sich das in ihren Reaktionen?

DAS gemeinsam zu erleben ist das Ziel dieser Einheit. Der Ausgang allerdings bleibt offen und hängt davon ab, wie ich es als Lehrerin schaffe, gleichzeitig offen und frei zu bleiben und dabei bewusst wichtige Informationen einfließen zu lassen.

3   Schritt für Schritt – die Unterrichtseinheit konkret

3.1   Methoden

Bibliodramatische Methoden sind hilfreich, um Schüler*innen existenzielle Erfahrungen zu ermöglichen. In meiner Einheit entschied ich mich für die *Skalenarbeit*, die *Rollenfindung*, das *aus der Rolle schlüpfen*, das *Rolleninterview*, das *freie Spielen*, das *Er-*

zählen und das *Logbuch*. Diese werden im Unterrichtsverlauf genau beschrieben. Alle Methoden waren den Kindern bereits aus vorherigen Einheiten bekannt.

3.2 Unterrichtseinheit

Erfahrungschancen/Lernmöglichkeiten

Die Schüler*innen erhalten durch die persönliche, existenzielle Auseinandersetzung mit der Perikope die Möglichkeit

– ihr persönliches Gottesbild infrage zu stellen, zu bestätigen, zu verändern und weiterzuentwickeln,

– ihre persönliche Idee zur Fragestellung »Vergibt Gott den bösen Menschen wirklich?« zu entwickeln, indem sie sich auf eine bestimmte Rolle im Gleichnis einlassen, darin Handlungsmöglichkeiten ausprobieren, mit anderen in Kontakt treten und so ganz individuelle Erfahrungen machen.

Material

Bild- und Wortkarten, Sprechblasen mit den Worten Jesu, Stuhl, Seil, Körbchen mit Tellern, Gläsern und Besteck

Verlauf

Ziel: Heute geht es um eure Frage: »Vergibt Gott den bösen Menschen wirklich?« (Fragestellung auf Plakat in die Mitte legen)

Diese Fragestellung soll während der kompletten Stunde präsent sein. Es reicht allerdings, sie getippt auf einem großen Papier im Raum zu haben, ohne in jeder Phase explizit darauf einzugehen.

Impuls: Sünder

▶ gemeinsame Begriffsklärung

▶ Gespräch über die Bedeutung von »gut« und »böse«

*Die Schüler*innen sollen sich an dieser Stelle noch ganz frei und spontan zu diesem Begriff äußern. Eigene Erfahrungen, Ideen aus dem Religionsunterricht werden hier genannt und die Kinder kommen dazu miteinander ins Gespräch. Die Beiträge und Gedanken werden nicht ge- und bewertet. Für den einen ist zum Beispiel eine Lüge eine Sünde, für die anderen ist dies noch im Rahmen des Erlaubten, weil sie ja schließlich jedem einmal passieren kann.*

»In meiner Gruppe stellte sich heraus, dass man dann eine Sünde begeht, wenn man etwas ›Böses‹ tut.«

Skalenarbeit

Die Schüler*innen stellen sich entlang eines Seils zwischen JA und NEIN auf. Dabei sind JA und NEIN eindeutig, weil sie zu 100 % zutreffen. Allerdings gibt es dazwischen zahlreiche Möglichkeiten der Einordnung (»Ich habe etwas getan, aber so böse ist das nun auch wieder nicht.« »Von den Dingen, die ich getan habe, ist das am schlimmsten, aber andere tun noch viel Schlimmeres.« »Wie ich mich verhalten habe, ist eigentlich ganz normal, denn andere tun das doch auch.« ...). Wichtig ist hier, den Kindern Zeit zu geben und sie wirklich spüren zu lassen, ob der Ort, an den sie sich stellen, auch stimmig ist. Dazu ist ein Hin- und Herlaufen und Ausprobieren wichtig. Wer möchte, kann in wenigen Sätzen kurz erzählen. Die Aussagen der Schüler*innen bleiben unkommentiert im Raum stehen. Wichtig ist hier, dass die Kinder merken: Gleiche Handlungen werden unterschiedlich gesehen, jeder macht auch einmal etwas falsch, ...

- Hat DIR schon einmal jemand etwas »Böses« getan? Stelle dir eine Situation noch einmal ganz genau vor und finde dann deinen Platz.
- Hast DU schon einmal etwas Böses getan? Stelle dir eine Situation noch einmal ganz genau vor und finde dann deinen Platz.
- Glaubst du, Gott verzeiht dir das?

»Die SuS meiner Klasse teilten sich bei jeder Frage absolut gemischt ein, d. h., sie stellten sich bei JA und NEIN, aber auch dazwischen auf. Dadurch entstand ein breites Bild und die Schüler merkten, dass es zu einer Frage ganz verschiedene Ansichten gibt, die alle ihre Berechtigung haben, weil sie die momentane Meinung und das Denken des einzelnen Schülers wiedergeben und immer begründet werden können.«

Rollenfindung

Impuls: Bild mit vielen Personen/Bild mit einer Person

Die Personen werden bewusst schwarz-weiß und ohne Gesichter gezeichnet, um ihnen eine gewisse Nüchternheit zu verleihen, das heißt, hier sollen keine Emotionen ablesbar oder interpretierbar sein.

► Schüler*innenäußerungen/Gespräch untereinander

Ein kurzer Austausch über »zusammen« und »allein« kann entstehen. Wichtig ist wieder, dass keine »klassische Wertung« stattfindet, sondern dass überlegt wird, in welchen Situationen man allein oder in Gemeinschaft ist und dass beide Situationen sowohl positiv als auch negativ sein können.

Impuls: Die beiden Wortkarten »Nachbar*innen« und »Zachäus« werden dazugelegt.

► Schüler*innenäußerungen (Vermutung zur konkreten Situation/Vorwissen zum Gleichnis)

Sollten Schüler*innen an dieser Stelle das Gleichnis schon kennen und darüber erzählen wollen, müssen sie nicht unterbrochen werden. Es geht ja darum, dass jedes Kind Erfahrungen auf seinem persönlichen Wissens- und Erfahrungshintergrund macht. Bei manchen gehört eben dazu, dass sie das Gleichnis schon einmal gehört haben. Meiner Erfahrung nach beeinflusst das den weiteren Verlauf der Stunde nicht in eine bestimmte Richtung.

Lehrer*innen-Erzählung

*(möglichst kurz und knapp mithilfe der Wortkarten, die zu den Nachbar*innen oder Zachäus gelegt werden)*

Zachäus ist ein **Zöllner**. Sein Beruf ist es, von den Menschen, die in die Stadt kommen Geld zu nehmen, für die Waren die sie kaufen und verkaufen. Zachäus kann die Preise dafür selbst bestimmen. Manchmal **nimmt er zu viel Geld**. Das behält er dann selbst. Deswegen ist er **reich**, trägt **tolle Kleider** und wohnt in einem **großen Haus**. Wenn er auf seiner Terrasse sitzt, beobachtet er häufig seine Nachbarn. Sie kommen mit ihren **Familien** nach Hause, essen gemeinsam in ihren Gärten, erzählen sich von ihren Sorgen, streiten miteinander, feiern zusammen **Feste** und unterhalten sich oft draußen auf der Straße miteinander. Viele der Nachbarn sind wohl auch **Freunde**.

Rollenwahl

▸ Probieren verschiedener Rollen

Schüler*innen dürfen sich nun einmal zu den »Nachbar*innen« stellen, sich dort ganz konkret eine Person vorstellen und einmal zu Zachäus. Dabei begleitet sie der*die Lehrer*in mit Fragen, die jedes Kind für sich beantwortet. Wer bist du? Wie geht es dir? Wie hat dein Tag heute ausgesehen? Was machst du jetzt als nächstes?

▸ Die Schüler*innen entscheiden sich nun für eine bestimmte Rolle.

Kinder, die keine Rolle finden, dürfen sich etwas abseits stellen, und »Beobachter*in« sein.

»In der Religionsgruppe wollten drei Kinder Zachäus sein, die übrigen 12 ordneten sich zu den Nachbarn und erfanden für sich einen ganz speziellen Nachbarn.«

Rolleninterview

An dieser Stelle spielt das Gespür des*der Lehrer*in für die einzelnen Schüler*innen und deren Hintergrund eine wichtige Rolle. Nicht bei jedem Kind kann man sofort in die Tiefe fragen. Daneben hilft die Lehrkraft den Kindern hier weiter in ihre Rollen hinein und inszeniert die Anfänge des Spiels, indem sie auf die Aussagen der Schüler*innen eingeht, nachfragt, infrage stellt und provoziert. Erzählt beispielsweise der Familienvater Jonas: »Wir hier in der Straße haben tolle Feste. Es ist super, hier zu wohnen!«, kann kommentiert werden mit: »Das ist ja interessant. Eine Straße, in der immer alles toll ist. Hier gibt es wohl nie Streit!« Oder der*die Lehrer*in kann auch anfangen zu fragen: »Kennst du den Zachäus?« »Ja, der ist arrogant und fies.« »Ach, tatsächlich? Woher weißt du das denn?« »Das weiß jeder, er nimmt zu viel Geld!« »Hat er dich auch schon betrogen?« »Nein, eigentlich nicht, aber ...!«

Es geht darum, mit Sicht auf das Spiel, die verschiedenen Charaktere auch immer ein bisschen für die Empfindungen »der anderen Seite« zu sensibilisieren, sie jetzt schon ganz leicht anzustoßen, über ihr Rollenverhalten zu reflektieren und damit bewusst ins Spiel zu führen, sodass dessen Start schon automatisch stattfindet.

Die Lehrkraft befragt nun jedes Kind kurz zu seiner Rolle; die übrigen hören zu:
- Wie heißt du?
- Wie alt bist du?
- Lebst du gerne hier?
- Kennst du ... (ein bereits interviewtes Kind/Zachäus nehmen)? Wie findest du den?
- Gibt es bei euch auch manchmal Streit?

Szenisches Spiel
Die Schüler*innen werden aufgefordert, einfach einmal miteinander ins Gespräch zu kommen. Die Nachbar*innen untereinander und die Zachäusse untereinander.

Möglicher Impuls/Auftrag:
Kommt miteinander ins Gespräch. Erzählt euch von eurem Tag, eurem Beruf, euren Ideen für den Rest des Tages. Blickt dabei auch einmal zu den Nachbar*innen/ Zachäus und redet über diese.

Sollte es von einer »Seite« nur eine Rolle geben, sind zwei Möglichkeiten denkbar:
a) Der*die einzelne Zachäus/Nachbar*in formuliert seine*ihre Gedanken laut.
b) Zachäus läuft durch die Straße/die Nachbar*innen kommen am Garten des Zachäus vorbei.

Erzählung
mithilfe der Wortkarte »Jesus«
Plötzlich spüren Zachäus und seine Nachbar*innen etwas und halten mitten im Gespräch inne. Da unten an der Straße ist doch ein furchtbarer Lärm. Viele Menschen sprechen ganz wild durcheinander. Was ist da los? Als du genauer hinhörst, hörst du immer wieder ein Wort. Jesus. Wie? Jesus? In deiner Stadt? DER Jesus? DER, der Blinde heilt? Den die Römer hassen? DER Jesus, der mit den Schriftgelehrten streitet? DER Jesus, dem die Menschen in Scharen folgen? Es scheint tatsächlich so zu sein, denn du merkst, wie plötzlich immer mehr Menschen hinunter zur Straße stürmen.

*Die Wortkarte »Jesus« wird nun an den Rand des Spielfeldes gelegt, bewusst so, dass sie nahe an einer Wand liegt und wenig Platz drumherum ist und bewusst weiter von den Kindern weg, die die Rolle des Zachäus einnehmen, als von den Nachbar*innen.*

Szenisches Spiel

Die Schüler*innen werden ermutigt, einfach nur ihrem Impuls nachzugeben.

»Automatisch drängelten sich die Schüler*innen um die Wortkarte. Diese war für sie ganz natürlich Jesus. Dadurch, dass im vorherigen ersten Spiel schon eine Disharmonie zwischen Nachbar*innen und Zachäus erkennbar war und die drei Zachäuse einen längeren ›Weg‹ hatten, standen sie auch hinter ihren Mitschüler*innen, wurden von diesen immer wieder geschubst und zurückgedrängt. Plötzlich holte sich ›Zachäus‹, der körperlich kleinste, einen Stuhl und stellte sich darauf. Die anderen beiden taten es ihm gleich. Und irgendwann wurde es einfach ruhig.«

Rolleninterview

Wieder befragt der*die Lehrer*in die Kinder kurz zu ihrer Rolle:
- Was machst du denn hier?
- Wer ist denn dieser Jesus?
- Warum stehst du auf einem Stuhl?
- Was erwartest du dir denn jetzt von Jesus?

Erzählung

Endlich hat das Warten ein Ende, denn plötzlich kommt eine Gruppe mit Menschen die Straße entlang. Ist das da vorne nicht Petrus? Stimmt, das ist er. Gleich neben ihm läuft sein Bruder Andreas. Und jetzt siehst du ihn endlich. Da kommt Jesus. Und er bleibt stehen. Genau vor dir. Du bist ganz aufgeregt. Wird er dich ansprechen? Vielleicht kannst du ihn einmal kurz berühren. Da siehst du, wie er die Hand hebt. Plötzlich wird es ganz still. Jesus hebt den Blick und dann sagt er mit ruhiger, aber fester Stimme: »Zachäus, komm schnell herunter! Denn ich muss heute in deinem Haus bleiben.«

Szenisches Spiel

Die Lehrererzählung endet mit dem Bibelzitat und geht in ein spontanes freies Spiel über. In dieser Zeit baut die Lehrkraft Zachäus' Haus auf (Seil als Umgrenzung, Tisch, zwei Stühle, Teller/Besteck/Tassen im Korb).

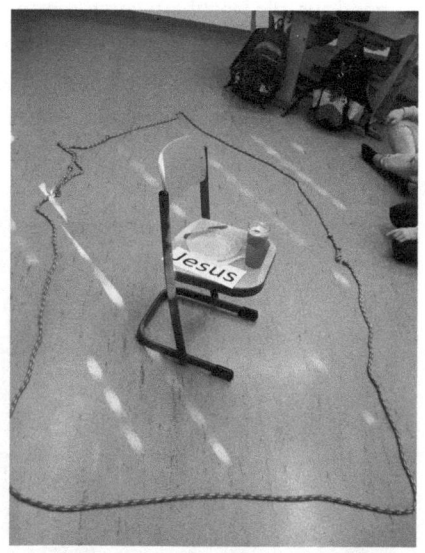

»Die Kinder redeten jetzt alle wild durcheinander, drängten sich um Zachäus' Haus und beschimpften ihn. Diese drei Zachäuse reagierten übertrieben arrogant den Nachbarn gegenüber und gingen ins Haus. Die Nachbarn drängten sich um dieses herum und es wurde von allein wieder ruhig.«

Rolleninterview

– Was glaubst du, was Jesus nun sagt/tut?
– Wie geht es dir, wenn du siehst, dass Jesus bei Zachäus/bei dir einkehrt?

Szenisches Spiel

Der*die Lehrer*in nimmt nun die Wortkarte »Jesus« in die Hand und gibt den Kindern so zu verstehen, dass er*sie jetzt in diese Rolle schlüpft.

Das weitere Spiel muss sich nun ergeben. Die Lehrkraft in der Rolle des Jesus sollte so wenig wie möglich sagen.

»Die Kinder in der Zachäusrolle verhielten sich zunächst Jesus gegenüber ziemlich aggressiv und nahmen sofort die Verteidigungsrolle ein. Irgendwann boten sie ihm etwas zu essen an, wofür er sich bedankte, sonst aber nichts sagte. Dann kam es zu einem kleinen Stopp. Jesus hielt dies schweigend aus, die Nachbarn verstummten. Plötzlich sagte ein Zachäus: ›Na gut, dann geb' ich halt was zurück!‹ Die Stimmung löste sich und die anderen schlossen sich an mit: ›Es tut mir leid!‹ ›Ich gebe alles zurück!‹ ›Ich gebe das Doppelte zurück!‹ ›Ich verschenke mein Haus!‹«

Die Lehrkraft steht nun auf und geht.

»Die Zachäusse blieben zunächst verwirrt zurück, die Nachbarn blieben abwartend, bis sich der erste Zachäus hinaus traute und die anderen ihm folgten. Jetzt kam es zu einem wilden Durcheinander aus Entschuldigungen, Vorwürfen und Rechtfertigungen. Die Stimmung war jedoch hauptsächlich von Versöhnung geprägt.«

Aus der Rolle schlüpfen
Mit einem Gong beendet die Lehrkraft das Spiel und alle Schüler*innen schlüpfen aus
ihrer Rolle, indem sie sich schütteln und strecken, ihr Klassenzimmer wieder als eben-
dieses wahrnehmen und sich zu einer Reflexionsrunde im Kreis zusammenfinden.

Reflexion
- Unterrichtsgespräch: Freie Äußerungen zum Erlebten
- Impuls: Anfangsfragestellung: Verzeiht Gott auch den bösen Menschen?

- Lehrer*in: Das ist die Antwort, die dir die Bibel auf diese Frage gibt: »Denn der
  Menschensohn ist gekommen, um zu suchen und zu retten, was verloren ist.«
- ► Schüler*innenäußerungen
Rückbezug zur Anfangsfrage

Logbuch
Freier Eintrag ins Gottesheft

4   Reiserückblick

In meiner Reflexion möchte ich die Symbole des Anfangs noch einmal bewusst aufgreifen.

Bewusste Schritte: Eine derartige Vorbereitung ist ziemlich aufwendig, zeitintensiv, anstrengend – und bereichernd. Ich selbst gehe auf diese Weise sicher und vor allem voller Vorfreude und Neugier in den Unterricht. Ich bin gespannt, was passiert. Ich bin neugierig darauf, was die Schüler*innen mitbringen und beitragen. Ich rechne damit, dass ich die Geschichte noch einmal mit ganz anderen Augen sehen darf. Ich weiß: Mein persönliches Gottesbild kann sich bestätigen oder verändern. All das strahle ich nun aus und stecke die Kinder damit an, die sich neugierig und unvoreingenommen, ja völlig frei, auf einen gemeinsamen Weg einlassen.

Klare Orientierungspunkte: Es hat sich erwiesen, dass bewusst überlegte Phasen (Einstiegsfrage = Schlussfrage, allgemeine Hinführung zum Thema, vorhandenes Material, …) äußerst wertvoll sind. Als zusätzliche Wegweiser kommen jetzt nämlich die Ideen und Gedanken der Schüler*innen und deren Rollen dazu. Diese können und müssen spontan in den Weg integriert werden, damit die Reise eine gemeinsame wird. Die Zachäusgeschichte wird so für jedes Kind ein Stück weit zu seiner eigenen Geschichte. Jetzt sind persönliche Glaubenserfahrungen möglich – der Raum für tiefes Verstehen ist geschaffen.

Die richtigen Schuhe: Ja, ein gut gefülltes Schuhregal braucht jede*r Lehrer*in. Allerdings sollten alle Schuhe bereits getragen sein. So kann man spontan wählen, welche man einsetzt und immer wieder wechseln, je nachdem, wohin der Weg führt und was die Situation erfordert.

Und was ist jetzt mit meinem eigenen Gottesbild? Wieder einmal habe ich erlebt, wie wunderbar mein Gott ist und auf welche Weise er wirkt. In den biblischen Geschichten steckt Gott. Was er mir sagen möchte, erfahre ich bei der persönlichen und fachlichen Auseinandersetzung und durch die Behandlung im Unterricht noch einmal über das Denken, Handeln und Sprechen der Schüler*innen in einer ganz neuen, lebendigen Dimension.

Literatur

Lachmann, Rainer/Adam, Gottfried/Reents, Christine (Hg.), Elementare Bibeltexte. Theologie für Lehrerinnen und Lehrer, Band 2, Göttingen 2018, 7. Auflage
Wolter, Michael, Zachäus, 2010, WiReLex, https://www.bibelwissenschaft.de/stichwort/56002/
LehrplanPLUS Grundschule in Bayern (www.lehrplanplus.bayern.de)

(Nur) ein kleiner Schritt …? Vom Entstehen und Verändern eines Standpunktes

Silvia Hadem-Staab

0 Vorbemerkung

Bildung in einer offenen Gesellschaft soll Schüler*innen zu einer eigenen, vertretbaren Vorstellung von der Wirklichkeit verhelfen. Religiöse Bildung in einer säkularen, multi-optionalen Gesellschaft ist heute kein sich stetig aufbauender, lebenslanger Prozess mehr, vielmehr kann es »*zu jedem Lebenszeitpunkt und an jedem Ort*«[1] einen neuen Anfang geben. Den »roten Faden« der eigenen Religiosität aufzunehmen und seine Lebens-relevanz zu entdecken bedeutet, in einem Prozess der Öffnung Eigenes und Fremdes sich begegnen zu lassen. Gleichzeitig kennzeichnen vielfache Brüche diese Entwicklung. Wie aber sind Schüler*innen darin zu unterstützen, Subjekte ihres (religiösen) Lernens zu werden? »*An den Lernenden vorbei ist kein Lernprozess denkbar*«[2]. Was nach pädago-gischem Allgemeinplatz klingt, birgt in sich die Anforderung, sich immer wieder um Schüler*innen in der Weise zu bemühen, dass sie eigene Standpunkte im Hinblick auf religiöse Haltungen entwickeln können und deren Verhaltenskonsequenzen bedenken: ein Aspekt von Subjektwerdung. Davon berichtet der folgende Artikel.

1 Bibliodrama im Unterricht ermöglicht Begegnung

Mein Zugang zum Bibliodrama nahm seinen Anfang im Psychodrama. Er entspricht damit meinem eigenen Entwicklungsweg. Ich verwende häufig Methoden aus die-sem Bereich.

Im Religionsunterricht erlebe ich oft Schüler*innen, die »außer sich« sind. Ständig wechseln Lehrer*innen und Zimmer. Deshalb beginnt der Unterricht zunächst mit einer Phase der Verlangsamung. Ich beginne mit einer einfachen Wahrnehmungs-übung (z. B. Kopf auf den Arm legen, entspannen). Körperwahrnehmung, in den Kör-per atmen. Wie ist mein Atem (schnell, träge, …)? Wenn der Körper eine Farbe hätte,

---

1 Michael Domsgen, Diagnose »konfessionslos« – Was heißt das religionspädagogisch? Loccumer Pelikan 3/2018, S. 8.
2 Michael Domsgen, in: Stefan Altmeier u. a. (Hg.), Reli – keine Lust und keine Ahnung? Jahrbuch der Religionspädagogik, Band 35, Göttingen 2019, S. 166 f.

wie wäre sie heute/jetzt? Die Farbe »Grün« in den Körper atmen. Wie fühle ich mich heute: eher wie ein Stein oder wie eine Feder, wie etwas dazwischen?

Diese Momente des bewussten Mit-sich-in Kontakt-Kommens sind ein Angebot und gleichzeitig ein Signal: Hier spielst du eine Rolle, hier geht es um dich. Manchmal formuliere ich ein Anfangsgebet aus den Wahrnehmungen der Schüler*innen.

Gelernt wird nicht nur in der Wahrnehmung und Begegnung mit sich selbst. Es braucht die Auseinandersetzung mit Fremdem. Im Idealfall lassen sich Schüler*innen auf eine Begegnung ein und erleben Irritation, Verunsicherung, eine Veränderung ihrer Meinung, ihres Wissensstandes, ihrer Handlungsbereitschaft oder ihrer Urteilsfähigkeit. Lehrer*innen haben die Aufgabe, solche Begegnungen zu ermöglichen. Das »gegen« im Wortstamm schließt sowohl liebevolle als auch kämpferische Begegnungen ein. Nicht immer sind die, die sich begegnen, am Ende einer Meinung!

Begegnungen können verändern. Im Idealfall nimmt jede*r der Beteiligten den*die andere*n möglichst umfassend wahr und speichert Spuren dieser Wahrnehmung in sich. Im Unterricht sind es meist Themen, mit denen Schüler*innen konfrontiert werden. Damit abstrakte Inhalte konkret werden, ist es sinnvoll, Begegnungen zu gestalten. Es braucht zunächst einen Anlass: Ein geschichtliches Ereignis, ein Gespräch am Feuer, die Suche nach der Antwort auf eine Frage, ein großes Fest etc. In der vorliegenden Unterrichtsbeschreibung ist der Ort ein Obststand auf dem Marktplatz in Babylon zur Zeit des Babylonischen Exils (ca. 500 v.Chr.). Vor diesem Hintergrund entfaltet sich das Geschehen. Erste Fragestellungen und Problemlagen sind gesetzt, Begegnungen ereignen sich. Der räumlichen Orientierung in einer bibliodramatischen Szene dient die Beschreibung des Ortes oder seine Markierung mithilfe von zwei (oder mehreren) Stühlen, mit Stäben oder mit Symbolen.

Ein guter Rahmen für Begegnungen sind Geschichten. Sie bieten Orte und Zeiten, einen Plot für den Anfang und wecken innere Bilder und Gefühle. Personen treten auf, mit denen man sich identifizieren oder von denen man sich absetzen kann. Geschichten (biblische Texte) sind gute Anlässe, ein Thema mit bibliodramatischen Methoden zu erkunden.

Im Bibliodrama kommt man in der Regel ohne großen Materialaufwand aus. Oft reichen ein Seil oder ein Stuhl, Dinge also, die in jedem Klassenzimmer vorhanden sind. Fiktiv wird ein Raum für die Bühne abgegrenzt, die Fuge im Fußbodenbelag kann das Seil ersetzen oder die Linie für die Skalenarbeit von 1–10. Wenn ich z. B eine Krone mitbringe, um über die Erwählung Israels mit 9.-Klässer*innen zu sprechen, ergeben sich schon im Lehrerzimmer interessante Gespräche. Das Fach Religion blitzt auf, man hört Meinungen von Kolleg*innen und kann von der Arbeit mit dem Gegenstand erzählen.

Lehrer*innen sollten während einer Szene vom Bühnenrand aus führen und damit Schüler*innen freien Raum für eigene Ideen geben. In dieser Phase des Unterrichtes ist man eher hilfreich an der Seite als lehrend im Fokus: die Schüler*innen sollen zu sich kommen. Wenn alles da ist, was man braucht (z. B der Stuhl, auf den sich Schüler*innen setzen, um in die Rolle einer Person zu schlüpfen), muss man als Lehrer*in die Bühne räumen.

Man sollte wissen, was man tut, wenn man bibliodramatisch arbeitet. Es ist erforderlich, diese Methoden selbst erfahren und mit anderen reflektiert zu haben, bevor man sie im Unterricht einsetzt.

Bibliodrama ermöglicht echte Erfahrung, während man im Unterricht oft **über** menschliche Erfahrungen spricht. Moreno, der Begründer des Psychodramas fordert, dass »*jede fachwissenschaftliche Analyse des Lernstoffs [...] erst nach einer [...] erfahrungsbezogenen Kontaktaufnahme zum Lernstoff vorgenommen*«[3] werden soll. Für die meisten Schüler*innen ist der christliche Glaube unbekanntes Land. Die Weltsicht einer Religion einnehmen zu können (und sei es nur probehalber) bedeutet nicht nur, über einen Wissensstand zu verfügen. Wer religiös kompetent sein will, muss Erfahrungen mit einer bestimmten, exemplarischen Religion gemacht haben, unabhängig davon, ob er sich diese Weltsicht zu eigen macht[4] oder nicht.

In kleinen, erfahrungsorientierten Einheiten sind die Schüler*innen wach, hören sich gegenseitig zu und bringen sich aufmerksam ein. Wie in jedem Unterricht lassen sich manche gern ein, andere sind nur zögerlich oder gar nicht zu begeistern. Auch Schüler*innen ohne Rolle können eine Aufgabe übernehmen, nämlich die des*der Beobachter*in von außen. Spielt eine Szene in einer vergangenen Zeit, kann ein*e moderne*r Beobachter*in besetzt werden. So ist die ganze Klasse beteiligt.

Verblüffend ist es zu beobachten, wie schnell sich Schüler*innen in Rollen einfühlen, wenn sie z. B den Platz einer Person im Raum einnehmen. Sie spüren die damit verbundene Gefühlsqualität.

Gerade zu Beginn einer szenischen Arbeit sollte aufmerksam wahrgenommen werden, wo die Schüler*innen sich innerlich und gedanklich befinden. Durch meine Unterrichtsvorbereitung habe ich als Lehrerin ihnen gegenüber einen inhaltlichen Vorsprung. Hilfreich sind folgende Überlegungen für die Unterrichtsplanung: Wo wird das Thema in der Erfahrung der Schüler*innen konkret? Wo steckt Stoff für eine Begegnung, die ich meinen Schüler*innen anbiete und die sie sich erschließen können?

Bereits bei der Unterrichtsplanung sollte eine kurze Phase der Anwärmung mit bedacht werden. Sie kann sich auf das Thema beziehen oder auf das Spiel als körperlich-bewegendes Geschehen einstimmen. Man kann auch für Bibliodrama als Geschehen in der Gruppe anwärmen, wenn sich die Teilnehmer*innen nicht gut ken-

---

3   Zitiert in: Falko von Ameln/Josef Kramer, Psychodrama: Praxis, Heidelberg 2014, S. 418.
4   Martin Rothgangel u. a. (Hg.), Religionspädagogisches Kompendium, Göttingen 2012, S. 350.

nen. Bibliodrama fordert und fördert die Spontaneität der Schüler*innen, lässt aber auch spontane Einfälle der Lehrer*in zu. Das schätze ich! Die Arbeit mit bibliodramatischen Methoden fordert das Einlassen auf den Prozess und ist, was die Beteiligung von Schüler*innen angeht, nicht so sicher planbar.

2   Zum Unterricht: Vorbemerkungen

2.1   Schülersituation: »Ich bin nicht religiös, ich bin normal«[5]

Vor dem Hintergrund des aktuellen Relevanzverlustes biblischer Inhalte sollte der Text Gen 1 nicht nur in der vorliegenden Form gesehen, sondern als »geronnenes« Produkt eines Überlieferungsprozesses wahrgenommen werden. Aus didaktischer Perspektive geht es darum, »*tote Sachverhalte in lebendige Handlungen rückzuverwandeln, aus denen sie entsprungen sind: Gegenstände in Erfindungen und Entdeckungen, [ ] Pläne in Sorgen, [...] Lösungen in Aufgaben*«[6]. Unklar bleibt oft, auf welches Lebensproblem biblische Texte eine Antwort sind. Wenn die Relevanz des Religiösen für Schüler*innen aufscheinen soll, müssen sie ihre Fragen in der Entstehungssituation des Textes zumindest im Ansatz wiederfinden können.

Bedeutsam war bei der Konzeption dieser Unterrichtssequenz eine mehrperspektivische Herangehensweise an das Thema. Die Welt und das Leben werden aus babylonischer und jüdischer Sicht mit allen Differenzen wahrgenommen. Das erscheint wichtig, weil Jugendliche Glaube und Naturwissenschaft als konkurrierende Systeme empfinden und dementsprechend das Gefühl haben, sich zwischen beiden entscheiden zu müssen. Der schulische Fächerkanon an einem naturwissenschaftlich-technischen Gymnasium verstärkt diese Tendenz. Biblische Texte werden nach dem Schema (wissenschaftlich) richtig–falsch bewertet und die Schöpfungstexte haben schnell verloren.

Angesichts bestimmter »Einbruchstellen« ist Glaube in der Gefahr, wie ein zu klein gewordenes Kleidungsstück abgestreift zu werden, wenn sich Denkstrukturen bei Jugendlichen weiterentwickeln und dieser Prozess nicht durch die Erweiterung der religiösen Vorstellungen begleitet wird. Deshalb schien es mir wichtig, den Sitz im Leben des 1. Schöpfungstextes Gen 1 als historisch erlebbare Situation für Schüler*innen zu entfalten und verständlich zu machen, damit damalige Geschehnisse heute nachvollziehbar sind und eigene Standpunkte dazu ermöglicht werden.

---

5   Michael Domsgen, »Ich bin nicht religiös, ich bin normal«, Loccumer Pelikan 3/2018.
6   Heinrich Roth, Zum pädagogischen Problem der Methode, in: Die Sammlung. Zeitschrift für Kultur und Erziehung 4, 1949, S. 108.

Bei Kindern und Jugendlichen sind vor allem vier Fragen auszumachen, die ab dem Ende der Grundschulzeit den Glauben mehr und mehr infrage stellen[7] (wobei sich die Gewichtung der Theodizeefrage für Jugendliche verändert hat):

- Konflikt zwischen Glaube und (Natur-)Wissenschaft.
- Illusionsverdacht: Glaube und Gottesbild könnten eine Illusion sein, denn die Vorstellung eines Gottes, der den Menschen begleitet und ihm unsichtbar nah ist, widerspricht logischem und rationalem Denken.
- Theodizeeproblematik: Wenn Gott gütig und allmächtig ist, wie kann er das Leid zulassen?
- Auf der Ebene der Glaubensvermittlung wird das Verhalten einzelner Christ*innen und der Kirche als unglaubwürdig erlebt.

Die vorliegende Unterrichtseinheit legt den Schwerpunkt darauf, exemplarisch am Beispiel von Gen 1 den Prozess der Auseinandersetzung der Verfasser mit unterschiedlichen religiösen Deutungen des Gott-Mensch-Verhältnisses bis hin zur schriftlichen Fixierung des Textes verständlich zu machen. Sprachbilder und Textstrukturen werden transparent und verstehbar, wenn die sachliche Ebene (die naturwissenschaftlichen Erkenntnisse zur Zeit des Exils und heute) von der Ebene der (Be-)Deutung unterschieden wird (Sach- und Sinnaussagen). Damit öffnet sich der Blick über das naturwissenschaftliche Verständnis der Welt hinaus zu Fragen, die die Bedeutung menschlichen Lebens betreffen und auch heute wichtig sind.

2.2 Theologischer Hintergrund Gen 1

Von Schüler*innen wird oft angenommen, dass die Schöpfungstexte in den ersten beiden Kapiteln der hebräischen Bibel die ältesten Schriften im Alten Testament seien.

Die ersten Erfahrungen Israels mit seinem Gott Jahwe bezogen sich auf die Befreiung aus Ägypten durch Mose. Auf diesem Grundstock entwickelten sich weitere Aspekte des israelitischen Glaubens in der Auseinandersetzung mit politischen und gesellschaftlichen Gegebenheiten. So sind die Gebote nicht einfach Regeln für ein gutes Miteinander. Sie haben ihre Bedeutung vor dem Hintergrund der Befreiung: Weil ich, Gott, euch aus der Unterdrückung geführt habe, sollt ihr nach meinen Regeln leben. Dann ist euer Leben gut.

Ähnlich verhält es sich mit den Schöpfungstexten Gen 1 und 2. Zu unterschiedlichen Zeiten entstanden sind sie kein »vorwissenschaftlicher Versuch, die Entstehung

---

7   Karl Ernst Nipkow, Erwachsenwerden ohne Gott? Gotteserfahrung im Lebenslauf, München 1987/Gütersloh 20005, S. 49.

der Welt zu klären[8]. Gen 1 ist Urgeschichte in dem Sinn, dass schon ganz am Anfang, vor der geschichtlichen Zeit, das Wesen der Erde als Lebenshaus für alles Lebendige angelegt worden ist.[9] Die Erde hört auf, Chaos und Finsternis zu sein: Ein gähnender, offener Abgrund, der alles in sich hineinzieht. Gleichzeitig birgt er die Potenzialität, dass aus ihm DIE Erde werden kann. Es ist wie die Null auf dem Zahlenstrahl, die in sich die Richtung Plus oder die Richtung Minus als Möglichkeit trägt.

Gott findet die Finsternis bereits vor, er erschafft sie nicht. Durch sein Wort begrenzt er sie auf die Nacht. In jeder Nacht ist also noch etwas vom Chaos des Anfangs zu spüren. Aber das Chaos herrscht nicht mehr. Es ist begrenzt, auch wenn es immer wieder im Leben der Menschen auftaucht. Absicht der Schöpfungserzählung ist es zu berichten, dass es Gottes Wille war, aus der lebensfeindlichen eine Leben ermöglichende Welt zu gestalten. Er will Leben und Beziehung: Schöpfung als Verwandlung.[10]

Die Israeliten der Exilzeit konnten in diesen Aussagen eine tröstliche, zukunftsweisende Deutung ihrer Situation finden. Die Herrschaft der Babylonier war nicht nur eine alles überwältigende Macht, sondern durch Gottes Willen begrenzt. Auch im Exil wollte Gott Leben ermöglichende Orte schaffen: Hoffnung auf Sinn in einer chaotischen Lage.

Die Israeliten hatten im babylonischen Exil nicht nur Freiheit und Selbstbestimmung eingebüßt, sondern miterleben müssen, dass der Tempel, die Wohnung Gottes, von den Soldaten des babylonischen Königs Nebukadnezar zerstört worden war. Das stellte das bisherige Bild des nahen Gottes/des Gottes, dem man sich nähern kann, infrage. Wo wohnte Gott jetzt? War er überhaupt noch bei ihnen? War er immer noch als mächtig anzusehen, wenn sein Volk ins Exil weggeführt worden war?

Die äußere Katastrophe des Exils wurde zu einer Chance, ja einer Notwendigkeit, den Glauben des Volkes zu differenzieren und weiterzuentwickeln. Im Falle Israels finden sich unterschiedliche Anregungen im Text:

- eine Loslösung vom lokalen Denken (Wohnung Gottes im Tempel). Gott war bei seinem Volk in der Feier des Sabbats, diese konnte auch im Exil stattfinden. Das war der Trost, den die Priester als Verfasser des ersten Schöpfungstextes ihrem vertriebenen Volk mitgaben.
- Im Schöpfungstext Gen 1 wurde die Macht der Babylonier im Verhältnis zur Macht Jahwes als begrenzt verstanden. Damit gaben die Verfasser ihrem Volk Trost und Orientierung.
- Die Gläubigen wurden aufgefordert, Worte aus dem Gesetz auf die Türpfosten aller israelitischen Häuser zu schreiben – ein Brauch, der bislang nur in Heilig-

---

8   Klaus Hofmeister/Volker Hochgrebe, Das Alte Testament, Limburg 1992, S. 14.
9   Ebd., S. 15.
10 Jürgen Ebach, Mehrdeutlichkeit. Theologische Reden 9 (neue Folge 3), Uelzen 2011, S. 111.

tümern praktiziert worden war. Dadurch konnten auch gewöhnliche Häuser in heilige Orte verwandelt werden, eine Art Tempelersatz.

Die feierlich inszenierten Rituale der babylonischen Feste forderten dazu heraus, sich mit neuen Fragen auseinanderzusetzen: Woher kommt die Welt? Welchen Sinn hat die menschliche Existenz?

Es ist die Aufgabe der Gläubigen zu allen Zeiten immer neu in Worte und Handlungen zu fassen, wie sich ihr Glaube zur Wirklichkeit des Lebens verhält. Jedes Glaubensbekenntnis entstammt einer bestimmten Zeit und muss irgendwann weiter oder neu gedacht werden. Dabei geht es um die Überlegung, ob man sich abgrenzen soll, um das Eigene zu bewahren oder ob das Eigene in der Begegnung mit dem Fremden anders konturiert werden muss und vielleicht eine Veränderung erfahren darf. Abgrenzung oder Assimilation? Was kann verändert werden, ohne die Mitte des Glaubens aufzugeben? Was ist diese Mitte?

2.3 Persönlicher Zugang

Für mich ist der Text Gen 1 ein entmythologisierender Gegenentwurf zur babylonischen Vorstellung einer von Göttern bevölkerten Welt: Gestirne als Götter, das Universum aus Resten einer besiegten Gottheit ... Im Sinne des israelitischen Ein-Gott-Glaubens musste diesen Naturphänomenen das göttliche Wesen entzogen werden!

Gen 1 erlaubt mir, als Individuum der Welt zugewandt zu leben und gleichzeitig rückbezogen, ja rückgebunden an die Vorstellungen meines christlichen Glaubens in jüdischer Verwurzelung zu sein. Diese Wurzeln leben von einer Auslegungstradition, die nicht abgeschlossen ist. Bis heute streiten Rabbiner*innen um die Wahrheit eines Textes und die Mehrheit entscheidet. Die »unterlegene« Interpretation wird keineswegs vernachlässigt (sie könnte ja irgendwann einmal wichtig sein), sondern ebenfalls notiert und damit wertgeschätzt.

Ich achte die Leistung der Verfasser von Gen 1. Sie griffen (quasi leihweise) aus der babylonischen Tradition das auf, was sie brauchten, um ihre Gottesvorstellungen mit neuen Bildern und Worten weiterzuentwickeln. Dennoch blieben sie ihrem monotheistischen Glauben treu, der für sie die Mitte war und nicht zur Diskussion stand. Es ist unsere Aufgabe, immer neu zu erkennen und unsere Worte für diese Erkenntnisse zu finden. Gleichzeitig können uns diese alten Worte heute Weisheiten aufschließen und uns auf neue Möglichkeiten, das Leben zu bewältigen, aufmerksam machen. Denn es gilt: Gott führt auch uns immer wieder aus der Unterdrückung und schenkt uns Freiheit im Rahmen des Bundes mit ihm.

Die Situation der Juden*Jüdinnen im Exil ist vergleichbar mit den Herausforderungen jeder Zeit. Ohne Angst auf Neues zuzugehen, es zu drehen und zu wenden, bis neue Zusammenhänge sichtbar werden, ist die Anforderung einer sich verändernden Welt. Gen 1 zeigt, dass es möglich ist.

3   Zum Unterricht: praktisch

Meine Intention war es, die Einheit zu »Propheten in Israel« (exemplarisch Jeremia), die mit dem Gang des Volkes ins Exil endete, mit der nachfolgenden Einheit »Die Welt als Gottes Schöpfung« zu verbinden. Die inhaltliche Brücke ist Gen 1 mit seiner Entstehungsgeschichte, die u. a. vom Wandel jüdischer Vorstellungen und Gottesbilder in der Zeit des Exils erzählt.

Dieser Wandlungsprozess kann von den Schüler*innen als exemplarisch für ihre eigene aktive religiöse Entwicklung erfahren werden.

3.1   Anwärmung mit dem Thema »Standpunkt(e)«

Was taucht vor meinem inneren Auge an ersten Ideen und Fragen auf, wenn ich »Standpunkt(e)« höre? Ein Standpunkt markiert einen Ort im Raum, zugleich ist der Stand eine Haltung des Körpers, aufrecht, mit entsprechender Ausstrahlung und Blick. Dazu gehört die Wahrnehmung: Da sind andere Standpunkte, nah an meinem oder weiter entfernt.

Wir experimentierten mit Haltungen und Standpunkten im Raum zu einem Thema, das für Schüler*innen dieser Altersstufe relevant ist: »Ich esse kein Fleisch.«

Übung

Mit Fragen wie diesen näherten sich die Schüler*innen dem Thema:
- *Welche Erfahrungen mit Standpunkten habe ich selbst schon gemacht?*
- *Ist es ein Unterschied, ob ich Meinungen von anderen übernehme oder mir selbst einen Standpunkt suche?*
- *Was ist um den Standpunkt herum? Ist da »feindliches« Land anderer Standpunkte? Wenn ich verschiedene Standpunkte zu einem Thema nebeneinander sehe, welches Bild ergibt sich?*
- *Wie erlebe ich es, wenn jemand meinen Standpunkt infrage stellt?*
- *Wie stehe ich, bin ich in Bewegung? Wie ist es, wenn jemand »stur« bei seinem Standpunkt bleibt? Schwanke ich, bin ich noch unsicher ob meines Standpunktes?*
- *Schließlich: (Wie) bringen mich neue Einsichten dazu, den Standpunkt zu wechseln? Wie fühlt sich das an?*
- *Wie ist es, allein zu stehen und wie, in »guter Gesellschaft« Gleichgesinnter zu sein?*

Die Erkenntnisse aus dieser Übung wurden aufgeschrieben: Das Religionsheft konnte umgedreht und die letzte Heftseite dann als erste Seite eines Logbuches genutzt werden, in dem v. a. persönliche Beobachtungen festgehalten wurden.

3.2 Unterrichtsbeschreibung

Die Einheiten im Überblick

1. Einheit: Was ist das Gute daran?
Methode Perspektivwechsel durch Rollentausch: Die Schüler*innen erfahren, dass durch den Rollentausch die Welt eines Anderen erschlossen werden kann. Angesichts der Frage nach dem Guten in einer schwierigen Situation rückt ins Blickfeld, dass manchmal nichts Gutes zu entdecken ist, sondern Leid ausgehalten und verarbeitet werden muss.

2. Einheit: Der*die Verlierer*in passt sich an! Oder?
Methode Timeline: Der Verlust der Heimat und die Zerstörung des Tempels stellen den Glauben der Israeliten im Exil infrage. Protagonisten der beteiligten Gruppen sind Rimmon, ein junger jüdischer Mann und ein babylonischer Mardukpriester.
Erste Vorurteile gegenüber den Exilbewohner*innen entstehen.
Müssen die Verlierer*innen sich den Sieger*innen anpassen?

3. Einheit: Dafür stehe ich. Wofür stehst du?
Methode Soziometrie: Ein starker Ausdruck persönlicher Identität und Zugehörigkeit für Jugendliche ist der Schal einer favorisierten Fußballmannschaft. Man wechselt ihn nicht, sondern bleibt seinem Verein treu.
Soll Rimmon seine Religion verlassen?

4. Einheit: Kann aus den Wurzeln der Vergangenheit Zukunft entstehen?
Methode Bilder von religiösen Gegenständen aus dem Tempel anfertigen, Begegnung zwischen dem Mardukpriester und den jüdischen Priestern:
Rimmons Bild von seiner eigenen Religion verändert sich.

5. Einheit: Dich kennenzulernen fordert mich heraus! Was ist das Gute daran?
Methode Skulptur: Der babylonische Text aus dem Enuma Elisch wurde von Priestern verarbeitet zu einem eigenständigen jüdischen Glaubenszeugnis.
Was bedeutet das für Rimmons Standpunkt vom Anfang?

1. Einheit: Was ist das Gute daran?

Mal angenommen, es gäbe etwas Gutes an etwas Schlechtem, was wäre das?

Die Schüler*innen sollen sich ein unangenehmes Ereignis vorstellen und drei Dinge überlegen, die eventuell daran gut zu finden wären.

Im Klassenzimmer der 8. Klasse gibt es um die Tische und Stühle herum wenig Platz. So entschied ich mich statt des »Kugellagers«, bei dem man in einem Innen- und einem Außenkreis steht und sich jeweils ein Kreis weiterbewegt, das Prinzip auf die bestehende Sitzordnung zu übertragen. Die rechts sitzenden Schüler*innen blieben sitzen, während die links Sitzenden sich zu jeder neuen Frage zwei Plätze weiterbewegten und so immer neue Gesprächskonstellationen zustande kamen.

Übung

»Stell dir vor, dir wäre etwas Unangenehmes passiert. Was könnte das sein?« Jede*r sollte sich eine solche Situation überlegen.

*»Erzählt euren Banknachbar*innen eure Situationen. Überlegt dann, ob das Unangenehme beim genauen Hinschauen auch gute Seiten haben könnte. Wenn ihr welche gefunden habt, merkt sie euch.«*

Nach dem nächsten Weiterrücken wurde die Aufgabe in einer neuen Gesprächskonstellation wiederholt.

Reflexion

Für die Schüler*nnen war das einerseits eine »gestellte« Übung, andererseits konnten sie in diesem Rahmen die Erfahrung machen, bei schwierigen Situationen gezielt nach dem Guten zu suchen. Das entsprach nicht ihrer normalen Reaktion auf schwierige Situationen, wurde aber als hilfreiche Strategie erkannt. Man konnte gute Seiten eines Ereignisses in dieser Übung sammeln.

Eine Schülerin meinte allerdings, es gäbe Situationen, die nichts Positives in sich hätten, wie z. B. Verluste. Eltern würden dann kluge Sätze sagen wie: »Wenn sich eine Tür schließt, öffnet sich eine andere.« Das sei nicht hilfreich, weil Kinder manchmal in der Traurigkeit bleiben möchten, bis sie so weit sind, sich für Neues zu öffnen. Gutes entdeckt man häufig erst im Rückblick!

Übung: Rollenwechsel mit Mutter/Vater

Ein Stuhl steht vor den Schüler*innen: *Ich erkläre, dass hier ein Vater/eine Mutter sitzt. Das Kind ist traurig, die Mutter würde gerne helfen, etwas Tröstliches sagen ...*

Wer hat Lust, einmal auszuprobieren, was einem einfällt, wenn man in diese Rolle schlüpft? Man kann sich Zeit lassen, um sich in die Person auf dem Stuhl einzufühlen.

Bedeutung einer Rolle: Man schlüpft hinein und kann die Gefühle der Person nachempfinden. Man kann sie dann wieder ablegen wie einen Mantel. Die erste Schülerin hatte den Wunsch, den Stuhl zunächst zur Wand zu drehen, um unbeobachtet zu sein und sich einzufühlen. Nach kurzer Zeit drehte sie sich wieder zurück zur Klasse. Ich interviewte sie: »Wer sind Sie, Vater oder Mutter? Haben Sie eine Tochter oder einen Sohn? Was ist passiert? Welche Gefühle/Gedanken haben Sie? Wie hat Ihr Kind reagiert? Was würden Sie am liebsten tun? Was haben Sie getan/gesagt?« (Evtl. Stuhl für Kind dazustellen, Kind formuliert, was es sich von den Eltern wünscht.)

Erkenntnis: Eltern wollen Probleme für ihre Kinder lösen. Es fällt ihnen schwer, ihr Kind traurig zu sehen. Erkenntnis aus der Rolle der Kinder: »Wir wollen Zeit bekommen, um Traurigkeit selbst zu durchleben!«

Reflexion

Die Schüler*innen waren erstaunt darüber, dass man auf einem »Rollen«-Stuhl anders empfindet als auf dem Stuhl im Klassenraum. Dass die Rollenübernahme zunächst ungewohnt ist und Schutz braucht, zeigt der Wunsch der Schülerin, sich zur Wand zu drehen, um sich in die Rolle einzufühlen. Insgesamt tat es den Schüler*innen gut, dass sie in der Rolle ernst genommen wurden und subjektiven Erfolg mit dem ungewohnten Handeln hatten. Sie nahmen die Rolle ernst!

Es war eine gute Anwärmung für die rollenorientierten Methoden im nachfolgenden Unterricht. Der Perspektivwechsel wurde damit erleichtert.

2. Einheit: Der*die Verlierer*in passt sich an! Oder?

In dieser Stunde lernen die Schüler*innen die Situation der Israeliten im Exil kennen. Hauptfigur ist Rimmon, ein junger Jude. In der Begegnung mit der babylonischen Religion geht es für ihn um die Frage, ob er sich für die Zukunft in einem fremden Land öffnen darf oder auf die Rückkehr in die Heimat hoffen soll.

Erzählung[11]
(Während des Erzählens werden einige Gegenstände zum Seil gelegt.)
Auf dem Marktplatz der großen Stadt Babel: Rimmon, ein junger Jude, der seit zwei Jahren im Exil in Babel lebt, baut seinen Obststand auf dem Markt auf. Seine Gedanken sind beim Leben der Juden in der Fremde. Sprache, Religion, Mode, Essen, alles ist hier anders als in Israel. Wenn er die Augen schließt, sieht er den erhabenen

---

11 Erzählung nach einer Ideensammlung von Martin Lienhard, Babylonisches Exil – zu Gen 1, in: Walter Neidhard/Hans Eggenberger (Hg.), Erzählbuch zur Bibel, Zürich 1975, S. 201 ff.

Tempel Jahwes auf dem Zionberg: Die Wohnung Gottes. Man konnte ihm dort nahe sein! Rimmon riecht den Rauch der Tieropfer und hört die Dialekte, die von jüdischen Pilgern bei den großen Festen in der Stadt gesprochen werden. Und dann: Ein Kessel voll Unheil von Norden her! Nebukadnezar, der babylonische König hat Jerusalem und den Tempel vollständig zerstört. Er hat Rimmons Familie hierher verschleppt in das Reich des babylonischen Königs.

Rimmons Eltern tragen auch hier noch die alten Kleider aus Israel. In ihrer Hütte am Fluss sprechen sie hebräisch und sie haben Rimmon beigebracht, die hebräischen Buchstaben der Tora lesen und schreiben zu können. So gut es geht, feiern sie die alten jüdischen Feste der Befreiung. *(Kleine Tora an das Seil legen)*

Rimmon selbst ist neugierig. Er hat einerseits jüdische Freunde, die hier im Exil leben wie er, manchmal aber trifft er Jugendliche aus der Stadt. Er würde gerne mehr Kontakt zu babylonischen Jugendlichen haben.

Wenn er Obst verkauft und mit seinen Kunden spricht, lächeln manche über ihn. Er spricht wie ein Jude, auch wenn er babylonisch spricht. Man hört an seinem Akzent, dass er ein Fremder ist.

Rimmon bemerkt, dass ein paar große Jungs sich an seinen Körben mit dem Obst zu schaffen machen. Plötzlich gibt einer dem Korb mit dem Fuß einen Stoß, die Früchte rollen in alle Richtungen über den Marktplatz. Die Jungen lachen und rennen weg. Rimmon springt den Früchten nach und versucht sie wieder aufzusammeln. Er bemerkt, dass ein älterer Mann, ein Babylonier, Feigen aufhebt. Schon will er ihn einen Dieb nennen, da sieht er, dass dieser sie in den Korb zurücklegt. Der Mann entschuldigt sich für die Tat der Jungen.

Im anschließenden Gespräch bringt der Babylonier, der ein Priester Marduks ist, vor, dass die Juden selbst schuld an ihrer Ablehnung sind. Sie verschließen sich vor der Kultur und der Religion der Babylonier. Schließlich haben die Juden den Krieg gegen den babylonischen König verloren! Das zeigt doch, dass ihr Gott machtlos ist.

Rimmon ist sehr nachdenklich.

Übung

Timeline

Ein Seil liegt als Zeitlinie (Timeline) auf dem Boden, in der Mitte liegt ein Zettel mit der Aufschrift: *600 v. Chr.* (Rimmons Zeit). Zum linken Ende hin (Vergangenheit) steht der *Tempel* in Jerusalem, aus Holzbausteinen in Teilen nachgebaut. *Rimmon* (Namensschild) wird vorgestellt, er verkauft unter anderem Feigen auf dem Markt in Babylon (*Feigen* liegen auf dem Boden neben dem Schild mit der Jahreszahl 600 v. Chr.)

Rollenwahl: Die Szene lebendig werden lassen
- Einige Schüler*innen können in die Rolle einer Person, eines Gefühls, eines Gegenstandes entlang der Timeline wechseln. Kurzes Interview: *Wer bist du? Wie geht es dir hier im Exil? Wie denkst du über Rimmon und sein Volk?* Ein Gespräch entwickelt sich.
- Ein*e Schüler*in geht in die Rolle von Rimmon. Interview: *Wer bist du? Dir haben gerade ein paar Jungs einen Obstkorb umgeschmissen … und dann noch dieser Mardukpriester!* Rimmon erzählt, wie es ihm geht.
- Dein Standort ist im Moment hier auf dem Marktplatz. Schau doch mal zurück: Woran denkst du beim Blick auf den zerstörten Tempel?
- Wenn du aus der Vergangenheit etwas mitnehmen könntest, was dir Halt gibt auf deinem Weg, was würdest du dir aussuchen? Gibt es eine Erinnerung, die dir für deinen Weg in die Zukunft etwas bedeutet? (Einen Holzbaustein aus dem Tempel nehmen – er steht für die Feste, die im Tempel gefeiert wurden).
- Wie geht's weiter? Wo liegt deine Zukunft? Wo zieht es dich hin? (Standort auf dem Marktplatz ist gut, hier trifft man Leute).
- Wohin geht dein Blick? Was/wer interessiert dich? Rimmons Blick geht nach vorn und wieder zurück: Er steht dazwischen. Dann kommt der Blick am Ende der Timeline in Rimmons Zukunft zur Ruhe.

(Spieler werden aus den Rollen entlassen. Das Seil bleibt liegen.)

Gespräch
- Rollenfeedback: Mitspieler*innen berichten aus der Rolle.
- Frage an die Beobachter*innen: Mit wem konntet ihr euch identifizieren?
- »Der*die Verlierer*in muss sich der Kultur des*der Sieger*in beugen« – wie denkt Rimmon dazu, stimmt das eurer Meinung nach?
- »Was bedeutet es, dass Rimmons Blick in der Zukunft stehen bleibt?«

In Einzelarbeit wird aufgeschrieben, was das Geschehen auf dem Marktplatz für Rimmons Standpunkt als Jude im Exil bedeutet haben könnte (Logbuch).

Reflexion
Beim Rollenwechsel waren die Gedanken über Rimmon aus der jeweiligen Rolle heraus vielfältig. Gemeinsam war ihnen, dass die Schüler*innen wenig Verständnis für Rimmons Problem aufbringen konnten, ob er seinen Glauben behalten sollte. Für die meisten Schüler*innen ist diese Frage nicht so wichtig, dass sie Konflikte dafür in Kauf nehmen würden.

Spannend war Rimmons Reaktion auf die Frage: Wohin geht dein Blick? Was interessiert dich? Ambivalenz wurde sichtbar durch das Hin- und Herschauen. Ich forderte Rimmon auf, dorthin zu gehen, wo es ihn interessierte und er stellte sich auf einen Platz in der »Zukunft«. Dort wurde er ruhiger, obwohl noch völlig offen war, was dieser Platz bedeuten würde.

Eine Entscheidung zu treffen und einen Standpunkt einzunehmen, sei es auch nur probehalber, lässt zur Ruhe kommen.

3. Einheit: Dafür stehe ich. Wofür stehst du?

Auf meine Aufforderung hin bringen Schüler*innen jeweils einen Fanschal[12] ihres Lieblingsclubs mit: 1. FCN, Greuther Fürth, Bayern München ... und zeigen ihn den Mitschüler*innen.

Sie erzählen, wann sie diese tragen und wo man sich im Stadion mit dem Fanschal NICHT aufhalten darf. Im Klassenzimmer herrscht Stadionstimmung!

Bedeutung des Schals: Man kann die Fans sofort zuordnen. Er ist ein Zeichen für Zuge-hörigkeit. Wenn man ihn vergessen hat, wissen die anderen nicht, in welchen Block man gehört.

Ich fordere die Schüler*innen auf, die Schals zu tauschen. Das wird vehement abgelehnt.

Bezug zu Rimmon: Der Mardukpriester hatte ihn aufgefordert, sich an die baby-lonischen Sitten anzupassen. Rimmon trägt zum Gebet auch einen Schal. Legt Rim-mon seinen Glaubens-Fanschal ab? Wird er die Seite wechseln (müssen), wenn er von den Babyloniern anerkannt werden will?

Übung

-   Soziometrie zur Frage: »Wird Rimmon seinen jüdischen Glauben ablegen?« Das Seil markiert an den Enden: Ja/Nein und im Mittelbereich: Ich weiß es nicht. *Die meisten können sich für Rimmon einen Schalwechsel vorstellen.*
-   Schüler*innen in der Rolle »Rimmon« und in der Rolle »Mardukpriester« stehen sich gegenüber. Das Seil liegt zwischen ihnen: »Würdest du einen Schritt in dei-ner Rolle als Mardukpriester oder als Rimmon auf die andere Gruppe zugehen?« (Seil verschieben mit dem Fuß)
    Nur die jüdische Gruppe verschiebt das Seil ein bisschen, sodass eine kleine Ausbuch-tung entsteht und man sich dadurch »näher« kommt.
-   Die Gruppen tauschen sich darüber aus, was die Veränderung für ihren Stand-punkt bedeutet.

---

12 Fanschal: nach einer Idee von H.J. Daut.

Einzelarbeit: Der Fanschal wird nicht gewechselt, Rimmon soll aber seinen Glauben ablegen? Was sagst du dazu? Schreibe deine Gedanken dazu auf.

- »Wenn man in ein neues Land kommt, ist es anfangs ungewohnt und fremd. Um sich zu schützen, sollte man sich der Religion der größeren Gruppe anpassen.«
- »Rimmon sollte seinen Glauben behalten, er ist ein Zeichen für Zugehörigkeit.«
- »… dass man andere und fremde Dinge mal ausprobieren sollte«.
- »Rimmon müsste widersprechen, dass die andere Religion über seine bestimmt.«
- »Rimmon denkt darüber nach, ob man mal was mit den andern machen könnte und trotzdem Jude bleiben würde.«
- »Die kleinere Menge muss sich der größeren Menge anpassen, aber die größere Menge muss die kleinere respektieren und Infos über sie sammeln und sich mit dieser befassen. Man sollte über die andere Religion nachdenken und seine Meinung zu anderen Religionen verändern.«
- »Wenn man sich nicht anpasst, wird man ausgegrenzt, aber man kann sich nicht komplett verändern, denn es ist ein Teil des Charakters.«
- »Ich habe gelernt, dass beide Seiten der anderen näherkommen müssen, damit sich der ›Neue‹ anpassen kann … Rimmon hätte sich näher mit der Religion des Priesters befassen können.«

Erzählung

Rimmon besucht das Frühlingsfest für den Gott Marduk, lernt die babylonische Vorstellung von der Weltentstehung kennen und erlebt die Begeisterung der Gläubigen.

Rimmon besucht an einem der nächsten Tage das Frühlingsfest in der Stadt. Er ist gespannt, fast ein bisschen aufgeregt. Hunderte von Menschen säumen die Ränder der Straßen. Unter Trommelwirbel und Posaunenklängen wird in einer Prozession eine Holzfigur – der auferstandene Marduk – durch die Straßen zu seinem Tempel getragen. Weiß gekleidete Priester bilden ein Spalier um Marduk und den König im Krönungsgewand, Tänzerinnen und Sklaven knien auf den Stufen des Tempels. Ein als Marduk verkleideter Priester steigt über die Rücken der Sklaven hinauf zum Thron und nimmt Platz, den König an seiner Seite. Die Leute rufen: »Marduk lebt! Er wird unserem Land wieder für ein Jahr Glück schenken!«

Rimmon spürt den Glauben der Menschen um ihn herum, ihre Begeisterung. Sie tragen kleine hölzerne Mardukfigürchen bei sich. »Dieser Gott ist mächtig! Alle verehren ihn! Das war ein richtig guter Gottesdienst!«, denkt Rimmon.

»Wo ist unser Gott«, denkt Rimmon nach, »wenn seine Wohnung im Jerusalemer Tempel zerstört ist? Ist er noch an unserer Seite?«

Rimmon beschließt, seine Fragen mit den Priestern zu besprechen.

4. Einheit: Kann aus den Wurzeln der Vergangenheit Zukunft entstehen?

Der Mardukpriester kauft jetzt immer bei Rimmon auf dem Markt Obst ein. Eines Tages lädt Rimmon ihn zu einem jüdischen Gottesdienst am Sabbat ein. Er findet an einer geschützten Stelle am Fluss statt. Zu seinem Erstaunen sagt der Priester zu.

Aufgabe an Vierergruppen: Wie können die Juden*Jüdinnen ihren Gott und ihre Religion vorstellen?

*Die Schüler*innen einigen sich darauf, Bilder mit Gegenständen aus dem ehemaligen Tempel und aus ihrem Glaubensalltag (Feste, Sabbat) zu zeichnen. Die Bedeutung der Gegenstände schreiben sie auf die Rückseite (z. B Opferschale: Juden bringen Jahwe ein Tieropfer, wenn sie ein gesundes Kind bekommen haben).*

Der jüdische Gottesdienst am Sabbat steht bevor. Psalmgesänge, z. B der Psalm 23, Texte und Gebete werden dabei vorgetragen. Ganz anders als das Frühlingsfest!

(Ein Beispiel vorspielen!)

Danach wollen sich der Mardukpriester und einige jüdische Männer noch treffen. Rimmon wird auch dabei sein. Der Mardukpriester hat eine kleine Holzstatue und eine Geschichte von Marduk aus dem Enuma Elisch mitgebracht.

Die jüdischen Männer sind ebenfalls vorbereitet. Sie haben Bilder von Gegenständen aus dem Tempel dabei, von den großen jüdischen Festen und dem Sabbatleuchter. Sie erzählen von deren Bedeutung für den jüdischen Glauben.

Von Gott haben sie kein Bild! »Wir dürfen uns kein Bild von Gott machen. Nie kann eine von Menschen geformte Figur unser Gott sein!«

Die Priester erzählen aus der jüdischen Geschichte: Gott war in den dunklen Tälern da, befreite sie oder schickte ihnen Propheten für einen Neuanfang.

Aus dem Enuma Elisch:
Die (babylonische) Göttin Tiamat erschafft Dämonen, die die Götter in Angst und Schrecken versetzen. Auch die höchsten Götter fliehen vor den Dämonen.

Der Gott Marduk erklärt sich bereit, Tiamat Einhalt zu gebieten und die Götter zu retten. Er wird von ihnen als König anerkannt. Dann stellt er sich dem Kampf. Und er schafft es tatsächlich, Tiamat zu fesseln und zu töten.

Aus Tiamats Leichnam erschafft Marduk das Universum. Mithilfe der anderen Götter kommt er auf die Idee, Menschen zu erschaffen. Er will kunstvolle Dinge kreieren. Er will Menschen aus Blut und Knochen formen, damit sie die Mühsal der Götter tragen und die Götter dadurch ihre Ruhe haben.

Frage: Wie ist es Rimmon wohl bei diesem Gespräch ergangen? Worüber macht er sich Gedanken?

Aufgabe (Partnerarbeit): Die Israeliten hatten damals noch keine eigene Vorstellung, woher die Welt kam. Gab es im Enuma Elisch Aussagen, die Rimmon irritiert haben mussten? (Im Text unterstreichen)

Übung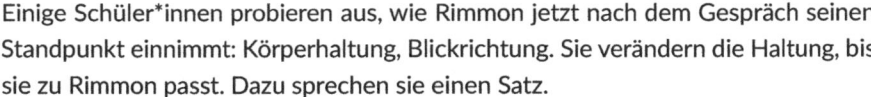

Einige Schüler*innen probieren aus, wie Rimmon jetzt nach dem Gespräch seinen Standpunkt einnimmt: Körperhaltung, Blickrichtung. Sie verändern die Haltung, bis sie zu Rimmon passt. Dazu sprechen sie einen Satz.

5. Einheit: Dich kennenzulernen fordert mich heraus! Gibt es etwas Gutes daran?

Der Schöpfungstext Gen 1 ist vor dem Hintergrund des babylonischen Exils entstanden. Spuren dieser Zeit sind in ihm zu finden. Man wird ihm nicht gerecht, wenn man ihn nur als wissenschaftliche Theorie liest. Durch die Erfahrung mit Rimmons Situation können die Schüler*innen verstehen, welche Absichten der Text verfolgt: Klärung, Stärkung, Trost und neues Leben.

Erzählung

Rimmon spricht nach einem der nächsten Sabbatgottesdienste mit einem jüdischen Priester. Er hält ihm die Rolle mit der Mardukgeschichte unter die Nase. »Wenn unser Gott der einzige Gott ist, wie kommt es dann, dass die Babylonier glauben, dass Marduk die Welt gemacht hat? Was hat unser Gott damit zu tun? Ist nicht vielleicht Marduk stärker als Jahwe?«

Der Priester kann nicht glauben, was Rimmon sich da erlaubt. Das ist Gotteslästerung! Er dreht sich von Rimmon weg, um mit den anderen zu sprechen. Die anderen Priester berichten, dass es in vielen jüdischen Familien ähnliche Probleme gibt. Die Kinder sind nicht in ihrer jüdischen Heimat aufgewachsen, sie sehen die Übermacht und den Erfolg der Babylonier, wollen am liebsten die alten Traditionen aufgeben und die babylonischen annehmen. Viele Eltern sind ratlos.

Auf der Suche nach einer Lösung haben einige Priester und Älteste begonnen, die Geschichten der Väter zu sammeln und aufzuschreiben. Schließlich hat Jahwe schon Abraham, Isaak und Jakob, aber auch Mose und vielen anderen gezeigt, wie mächtig er ist. Gerade in den schwierigen Zeiten war er bei seinem Volk! Er hat es aus der Unterdrückung in Ägypten befreit!

Rimmons Frage, ob ihr Gott Jahwe etwas mit der Entstehung der Welt zu tun hat, muss beantwortet werden. Wenn Jahwe Gott der Israeliten ist, ist er dann auch der Gott aller Menschen? Die Priester müssen sich Gedanken darüber machen. Sie wissen auch, dass vor allem die jüngeren Leute den Sabbat zunehmend lästig finden. Sie müssen erfahren, woher der Sabbat kommt und warum er wichtig ist. Sie nehmen die Geschichte des Mardukpriesters vom Götterkampf als eine Grundlage für ihre Gedanken. Einiges wird rausgeworfen, vieles müssen sie verändern. Ein Zeugnis ihres Glaubens zu ihrer Zeit entsteht, es steht auf den ersten Seiten der Bibel.

Text Gen 1 wird gelesen.
- Findet ihr Spuren des babylonischen Textes in Gen 1?
- Zur Frage: »Ist Gott ein Gott aller Menschen?« wird ein Fishbowl eingerichtet, bei dem abwechselnd vier Schüler*innen in der Mitte sitzen und ihre Meinung vorstellen können.
- Rimmons Standpunkt hat sich durch die Begegnung mit dem Mardukpriester verändert. Seltsamerweise ist sein jüdischer Glaube nicht schwächer geworden. Die Gespräche mit den jüdischen Priestern haben ihn gestärkt. Er hat gelernt, dass Gott auch hier im Exil Orte des Lebens schaffen will.

 Übung

Skulptur: Schüler*innen stehen im Kreis. Jemand wählt eine Eigenschaft Gottes aus dem Text, geht mit einer Bewegung dazu in die Mitte des Kreises, setzt die Bewegung fort. Der*die Nächste stellt sich im richtigen Verhältnis zur ersten Eigenschaft auf. (Beide Aussagen können sich ergänzen oder widersprechen.) Am Ende wiederholen alle ihre Eigenschaft und die Bewegung, zuerst nacheinander und als Abschluss dann alle gleichzeitig!

Feedback: Wahrnehmungen am jeweiligen Platz innerhalb der Skulptur

Einzelarbeit: Am Ende steht mit dem Blick zurück noch einmal die Frage vom Anfang im Raum:

Wenn Rimmon jetzt auf die Zeit im Exil bis jetzt zurückschauen würde, gäbe es etwas Gutes daran?

4 Methoden

4.1 Rollenspiel

Das Rollenspiel ist aus entwicklungspsychologischer Sicht eine Grundform menschlichen Verhaltens, wie es individuell und spontan bei Kleinkindern auftritt. So übernimmt beispielsweise ein Kind gegenüber seiner Puppe die Rolle der Mutter. Ausgangspunkt ist dabei eine vorgegebene Situation, d. h., die Rollen sind festgeschrieben und der Spielverlauf entwickelt sich maßgeblich aus den Aktionen der Spieler*innen. Während sich im Rollentraining die Spieler*innen an die Rollenbeschreibungen halten müssen, dient im Bibliodrama das Rollenspiel nicht dem Nachspielen, sondern dem Erleben oder dem Erforschen von Beziehungen und Situationen. Im Hier und Jetzt können nicht nur Personen und Gegenstände, auch Gefühle, Motive, abwesende Personen und Dimensionen der Zeit gespielt werden. Damit bildet das Bibliodrama die Wirklichkeit komplexer ab als ein Rollenspiel. Rollen können also bereits durch die Protagonist*innen einer Erzählung angeregt werden.

Vor jeder Rollenübernahme muss es eine Anwärmung geben, um kreativ und spontan (Morenos Menschenbild) agieren zu können. Sie kann körperlich (in Bewegung kommen, Plätze wechseln, einen Ausdruck oder eine Bewegung für etwas finden) oder inhaltlich stattfinden (z. B mit soziometrischen Übungen: Wie nah dran bist du an einem Thema/wie weit davon entfernt?).

Vor Spielbeginn sollte der Raum festgelegt werden, in dem das Spiel stattfindet (Bühnenaufbau). Mit dem Rollenspiel kommt das Handeln auf die Bühne. Rollen und entsprechende Attribute werden gewählt. Man spielt von einem selbst gewählten Punkt auf der Bühne aus.

Das Rollen-»Spiel« braucht zumindest **eine** Rolle als **Gegenüber**: eine*n Gegenspieler*in, einen Gegenstand aus dem Geschehen oder eine gegensätzliche Meinung etc.

Wie kommt ein*e Spieler*in in seine*ihre Rolle? In der Regel wählt er*sie sie selbst. Die Identifikation mit der Rolle wird z. B mithilfe eines Interviews unterstützt: »Darf ich dich fragen, wer du bist? Wie alt bist du, wie viele Kinder gehören zu dir? Gibt es ein Lieblingskind ...?« So kommt der*die Spieler*in tiefer in seine*ihre Rolle und gleichzeitig erfahren die Mitspieler*innen/Zuschauer*innen etwas über den Hintergrund.

Das Rollenspiel im Bibliodrama ist einerseits die Wahrnehmung eines vorgestellten oder realen Geschehens, gleichzeitig aber auch immer mehr als das. Jede*r Spieler*in zeigt sein*ihr Verständnis des Textes. In jeder Rolle spielt er*sie auch unbewusste Aspekte seiner*ihrer Persönlichkeit. Im Spiel kann experimentiert werden, kann Zukunft entstehen. Im Übungsfeld können ungelebte Rollenanteile zum Vorschein kommen. Rollenspiel bereitet auf unbekannte Situationen vor, macht wendiger und schlagfertiger.

4.1.1 Rollenwechsel

Rollen sind im Bibliodrama an zwei Elemente gebunden: An die Position im Raum, die sich mit der Energie der Rolle auflädt und an Symbole oder Gegenstände, die für ein typisches Merkmal der Rolle stehen. Beides erleichtert die Einfühlung bei der Rollenübernahme.

Um zu erforschen, was beteiligte Mitspieler*innen denken und fühlen, bieten sich die Methoden »Rollenwechsel« und »Rollentausch« an. Rollenwechsel heißt: »Ich wechsle in die Rolle von …« (im Sinne einer einseitigen Bewegungsrichtung). Christian Stadler definiert folgendermaßen: »*Um einen Rollenwechsel im psychodramatischen Sinne handelt es sich, wenn die Rollenspieler*in von ihrer Rolle in eine andere wechselt.*«[13] Auch ein Wechsel in die Rolle eines Themas, einer inneren Stimme ist möglich. Rollentausch dagegen ist wechselseitig.

Beispiel: Jesus heilt den Gelähmten und spürt die unterschiedlichen Reaktionen der Zuschauer*innen auf die Heilung. Der*die Spieler*in in der Jesusrolle (J) kann nacheinander in die Rolle des Gelähmten, des (fiktiven) Hausbesitzers, eines Freundes des Gelähmten oder des Pharisäers gehen und so die Reaktionen auf sein Handeln spüren.

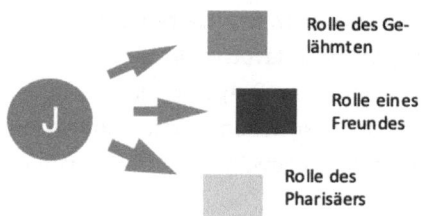

Dadurch ist es möglich, Einblick zu bekommen
- in das Innenleben des Anderen,
- in die Sicht des Gegenübers auf die eigene Person und die Beziehung zwischen beiden,
- in das eigene Handeln, indem man dazu auf Distanz geht.

Moreno postuliert, Psychodrama sei das Erforschen der Wahrheit der eigenen Seele durch Handeln.

---

13   Falko von Ameln/Josef Kramer, Psychodrama: Praxis, Heidelberg 2014, S. 2.

4.1.2 Rollentausch

Der Rollentausch ist eine wichtige psychodramatische Technik. Sie ermöglicht die Erfahrung, in den »Schuhen« eines*r Anderen zu gehen. »Ich tausche die Rolle mit ...!« findet im Sinne einer wechselseitigen Bewegung statt. Beim Rollentausch wechselt der*die Protagonist*in die Rolle mit einem seiner*ihrer Mitspieler*innen.

Dazu noch einmal Christian Stadler: »*Von Rollentausch sprechen wir, wenn zwei Rollenspieler*innen wechselseitig ihre Rolle tauschen, : A übernimmt die Rolle von B und B ... gleichzeitig die Rolle von A. Dazu begibt sich ... A ... an die Position von B und umgekehrt.*«[14] Beide Spieler*innen übernehmen die typischen Verhaltensweisen der jeweils Anderen und zeigen so ihre Wahrnehmung des Gegenübers.

Eine Rolle wird im Spiel verkörpert, sie nimmt Gestalt an. Die Rollenübernahme erhöht die Spontaneität des Spiels und ermöglicht es, sich selbst mit den Augen des*der Anderen zu sehen und Differenzen zwischen seiner*ihrer Wahrnehmung zu erkennen. Das eigene Verhalten kann aus der Distanz einer fremden Rolle reflektiert und verändert werden.

4.2 Timeline

Die Timeline repräsentiert einen bestimmten, begrenzten Zeitabschnitt, der in der vorliegenden Unterrichtssequenz Vergangenheit, Gegenwart und Zukunft umfasst. Ausgangspunkt ist ein gegenwärtiger Moment, der durch eine Jahreszahl gekennzeichnet ist. Von da aus kann zurück in die Vergangenheit geschaut und gegangen werden, Zwischenstationen werden ausgemacht und Ressourcen für Gegenwart und Zukunft können gefunden werden. Ursprünglich eine therapeutische Technik, lässt sich mit ihrer Hilfe überprüfen, ob vergangene Situationen Ressourcen für die Gestaltung der Zukunft bieten. Man kann Schüler*innen einladen, sich in eine ressourcenvolle Situation einzufühlen und sich gleichsam mit biografischen Ressourcen »aufzuladen«. Diese Ressourcen können imaginativ aus der Vergangenheit in die Gegenwart mitgenommen werden.

---

14   Christian Stadler/Sabine Kern, Psychodrama. Eine Einführung, Wiesbaden 2010, S. 127.

4.3 Skulptur

Die Skulptur kann ein Beziehungssystem, z. B Freundeskreis, Schulklasse, bildhaft darstellen. Sie herzustellen ist flexibel, braucht keine Vorbereitung und erschließt eine momentane Situation.

Die Teilnehmenden stehen dazu im großen Kreis, in ihrer Mitte ein freier Platz. Ein*e Teilnehmer*in beginnt und sucht sich eine Position mit entsprechender Körperhaltung, die seiner*ihrer inneren Einstellung zum genannten Thema entspricht. Andere kommen hinzu, verleihen den eigenen Haltungen Ausdruck und setzen sich gleichzeitig durch Nähe/Abstand, Hin- und Abwendung zu den anderen Teilnehmer*innen in Beziehung.

4.3.1 Räumlicher Abstand

Je weiter die Mitglieder eines Systems emotional voneinander entfernt sind, desto größer ist der räumliche Abstand zwischen ihnen innerhalb der Skulptur. Emotionale Nähe entspricht der räumlichen Nähe, auch »unten« und »oben« kann aussagekräftig sein.

4.3.2 Mimik und Gestik

Es gibt unzählige Möglichkeiten der Mimik und Gestik, wie z. B: Berührungen von Personen (Wer fasst wen an?), Blickrichtungen (Wer schaut sich in die Augen? Wer hat keinen Blickkontakt? ...

Systemisch vorzugehen heißt, die auftretenden Positionen in ihrem Kontext zu sehen, den interaktiven Anteil zu beachten und zu besprechen, was sichtbar wird. Nicht das isolierte Individuum, sondern das Individuum im Netzwerk seiner Möglichkeiten ist von Interesse.

5   Fazit aus der Unterrichtssequenz

Schüler*innen stellen sich die Frage nach Gott normalerweise nicht. Durch bibliodramatische Methoden kommen sie mit Texten in Kontakt, die sie als berührend beschreiben. In einer Lebenswirklichkeit, die scheinbar ohne Zeichen der Gegenwart Gottes auskommt und in der biblische Texte häufig als überholt gelten, ist die Entdeckung ihrer Relevanz für das eigene Leben ein Lernerfolg.

Die Unterscheidung zwischen Sache und Deutung ist nicht einfach, zumal beides in Gen 1 vermischt auftritt. Wichtig ist diese Unterscheidung dennoch, weil sie aus der Gegenüberstellung von Glaube und Naturwissenschaft als »Kontrahenten« herausführt. Biblische Texte behalten Relevanz für die Deutung des eigenen Lebens, auch wenn die wissenschaftlichen Erkenntnisse der damaligen Zeit nicht mehr unseren Forschungsergebnissen entsprechen.

In der beschriebenen Einheit haben die Schüler*innen in der Figur des Rimmon miterlebt, wie durch die Begegnung mit neuen (naturwissenschaftlichen) Erkenntnissen der eigene Glaube herausgefordert wird. Deutlich wurde auch, dass ein christlicher Standpunkt nicht einfach aus der Bibel abzuleiten ist, sondern sich in der Auseinandersetzung mit dem*der, der*die anders denkt und glaubt, formt. Glaube braucht die verschiedenen Perspektiven. Eine der Denkvoraussetzungen ist es, dass die Bibel kein Sologesang ist, sondern eher ein Chorwerk, in dem viele Stimmen anklingen. Die eigene Stimme darf dem hinzugefügt werden.

Bibliodramatische Methoden werden von den Schüler*innen durchweg als Bereicherung empfunden. Sie erschließen Welten, die sonst nicht zugänglich wären. Sie schulen den Möglichkeitssinn, nämlich dass diese Welt nicht schon alles ist, sondern immer noch ein PLUS (analog zu surplus-reality) aussteht. Ein verheißungsvoller Ansatz!

Literatur

Aldebert, Heiner, in: Gottfried Adam/Rainer Lachmann (Hg.), Methodisches Kompendium für den Religionsunterricht, Band 1 und 2, Göttingen 2010

Domsgen, Michael, Diagnose »konfessionslos« – Was heißt das religionspädagogisch? Loccumer Pelikan 3/2018

Domsgen, Michael, »Ich bin nicht religiös, ich bin normal«, Loccumer Pelikan 3/2018

Domsgen, Michael, Religionsunterricht mit konfessionslosen Schülerinnen und Schülern in Ostdeutschland, in: Stefan Altmeyer/Bernhard Grümme/Helga Kohler-Spiegel/Elisabeth Naurath/Bernd Schröder/Friedrich Schweitzer (Hg.), Reli – keine Lust und keine Ahnung? Jahrbuch der Religionspädagogik, Band 35, Göttingen 2019

Ebach, Jürgen, Mehrdeutlichkeit. Theologische Reden 9 (neue Folge 3), Uelzen 2011

Hofmeister, Klaus/Hochgrebe, Volker, Das Alte Testament, Limburg 1992

Nipkow, Karl Ernst, Erwachsenwerden ohne Gott? Gotteserfahrung im Lebenslauf, München 1987/Gütersloh 20005

Rothgangel, Martin/Adam, Gottfried/Lachmann, Rainer (Hg.), Religionspädagogisches Kompendium, Göttingen 2013, 8. Auflage

Roth, Heinrich, Zum pädagogischen Problem der Methode, in: Die Sammlung. Zeitschrift für Kultur und Erziehung 4, 1949

Schröder, Bernd, Religiöse Bildung in biographischer Perspektive – eine religionspädagogische Felderöffnung. Theo-Web. Zeitschrift für Religionspädagogik 17 (2018), H. 2

Stadler, Christian/Kern, Sabine, Psychodrama. Eine Einführung, Wiesbaden 2010

von Ameln, Falko/Kramer, Josef, Psychodrama: Praxis, Heidelberg 2014

Hinkend aufrecht gehen – Jakob am Jabboq

Bernd Paulus

0 Eine bibliodramatische Skizze

In der 10. Jahrgangsstufe taucht im Lehrplan der beruflichen Schulen die Frage nach der eigenen Identität neu auf. Eigene Vorstellungen und Einsichten zu entwickeln ist das Ziel. Religionsunterricht trifft dabei heute auf eine konfessionelle/konfessionslose und religiöse/religiöslose Kultur. Als indifferent und fragil wird sie wahrgenommen. Viele der Schüler*innen sind zugleich weder religiös noch atheistisch, sondern oft »untheistisch«, weil sich die Frage nach Gott anscheinend nicht mehr stellt. Regionale und bildungsaffine Differenzen sind zu beachten. Die eigene Fragilität findet dabei wenig Bezug zu einem Gott, der in der Bibel ein unbedingtes JA vorausgibt, ohne eine Selbstoptimierung zu fordern. Das Seelenleben junger Menschen wünscht sich Resonanz ohne in Vorleistung gehen zu müssen.

Mögliche Ahnungen, was hinter religiösen oder gar christlich-jüdischen Inhalten stecken könnte, sind fast völlig abhandengekommen. Mehrheitlich kann ich eine abständige Haltung mit einer selbstverständlichen Distanz ohne christliche Biografie feststellen, die jedoch mit Neugier andeutet: »Zeig's mir und stell' meine Füße ja auf weiten Raum!« (frei nach Psalm 31,9). Es zeigt sich die Möglichkeit, etwas Neues zu erkunden. Das ist eine Einladung, frei an eine Sache heranzugehen, ohne dabei befürchten zu müssen, letztendlich durch den*die Lehrer*in an eine Erkenntnis gebunden zu sein. Sie wird also nur attraktiv, wenn Schüler*innen in einen Raum von Freiheit hineindenken können. Diese Praxis des Lehrens und Lernens beginnt in der Haltung des*der Lehrer*in und wie er*sie die Sache gemeinsam mit den Schüler*innen gestaltet.

In meinen Ausführungen erzähle ich nach einer kurzen theologischen Skizze zum Text eine bibliodramatisch-didaktische Spur, um Schüler*innen an die eigene Identität über die Gottesfrage heranzuführen. Am Ende beschreibe ich die von mir verwendeten bibliodramatischen Methoden, eingebettet in ihren theoretischen Hintergrund.

Ein didaktischer Prozess, der den biblischen Text und seine theologischen Implikationen mit der Eigenständigkeit der Schüler*innen in ihrem Fühlen, Denken und Handeln vernetzt, ist wesentlich für meine Arbeit. Ich möchte Ihnen zeigen, wie ich mich selbst dem Text aussetze und wie Schüler*innen im Unterricht ihren persönlichen Zugang finden können.

Als Religionslehrer bin ich eine »Hebamme«, die ihre Schüler*innen dabei unterstützt, eigene Erkenntnisse »zur Welt zu bringen«. Den fast völlig fehlenden, christlichen biografischen Hintergrund vieler junger Menschen in meiner Gruppe sehe ich als Chance, eigene neue Zugänge zu gewinnen.

1   Eine theologische Skizze zu Genesis 32,23–33

1.1   Meditation im Textraum

Es ist eine Meditation. Ich lese den Text mehrmals langsam. Ich wage mich in die Rollen. Ich sitze am Schreibtisch, stehe gedanklich auf, setze mich wieder und mache mir nebenbei Notizen. In einem zweiten Schritt begegne ich dem Text exegetisch. Wieder genau an den Worten entlang erkunde ich eigene und fremde Interpretationen. Dabei bin ich einem alten jüdischen Witz sehr nahe: *Fragt jemand: »Entschuldigen Sie bitte, können Sie mir sagen, wo die andere Straßenseite ist?« – »Na da drüben doch!« – »Komisch. Da habe ich auch schon gefragt. Da hat man mich hierher geschickt!?«*[1]

Es gibt bei biblischen Texten mehr als eine Seite und es hängt vom Standort ab, von welchem man liest, denkt und fühlt. Nicht eindeutig, sondern vielfältig sind biblische Geschichten. Der Widerspruch ist dabei eine Triebfeder für gute Gespräche. In der Rollenübernahme im Bibliodrama ist dies in besonderer Weise möglich. Ich wähle eine Rolle, die mich subjektiv anspricht. Ich nehme sie mir und der Text nimmt mich. Bibliodrama ist körperlich-szenische Exegese und man staunt, wie man immer wieder von Neuem die Straßenseite wechseln muss. Es macht Mühe und Lust, sich in diesem über Jahrhunderte gewachsenen Textraum zu bewegen. Dabei bewege ich mich in einer Polarität aus Verbindlichkeit und Offenheit. Es macht mich traurig, dass ich ein klares Wort Gottes oft nicht hören kann. Ich genieße aber auch die Vielfalt und den Reichtum, der sich durch die vielschichtigen Interpretationen der biblischen Texte entfaltet. Dennoch: Ab und an ist Eindeutigkeit angesagt. Ich entscheide mich für eine Straßenseite und gehe vorerst weiter.

---

1   Jürgen Ebach, Biblische Miniaturen, Göttingen 2011, S. 31.

1.2   Exegetische Skizzen

Was erzählt mir der ausgewählte Text? Begebe ich mich nicht sofort auf den Weg der Deutung der Worte, sondern spüre ich, was diese Geschichte für Bilder in mir entstehen lässt, so finde ich mich gedanklich in der Zeit am frühen Morgen wieder: Das Tageslicht scheint noch fahl und kühl, während die Morgenröte langsam beginnt. Hinter mir liegt eine Nacht mit ihren ganz eigenen Empfindungen: Konnte ich schlafen oder durchlebte ich sie ringend mit mir und meinen Ängsten? Der Morgen ist ein Bild für den Neuanfang. Mit ihm habe ich das Gefühl, »*es* hinter mir gelassen zu haben«. Es ist diese besondere Nacht, die für jede*n einzelne*n sehr bedeutsam sein kann. Ich weiß nicht, womit ich gerungen habe, bevor der Morgen anbricht. Vielleicht mit etwas Fremdem? Mit diesem Erleben befinde ich mich am Übergang von Tag und Nacht – einer Schwelle oder einer Passage, von der ich erst hinterher weiß, welche Bedeutung sie für mich hatte: Erinnerung nach vorne.

An dieser Stelle komme ich langsam in die Deutung der Worte. Besonders, dass es in einer Furt geschieht, einem Übergang, einer Passage, einer Schwelle geschieht, ist für mich die zentrale Stelle. Was passiert in dieser rätselhaften Nacht? Wer ist dieses Fremde, dieser Fremde, mit dem ich gerungen habe? Wer ist dieser hinterlistige Nachtdämon, der überfällt. Der interessiert mich sehr, Jakob auch. In ihm, genau in dieser Situation erkenne ich mich sehr wieder. Hier stoße ich auf die »rites de passage« in meinem Leben – Flussübergänge in der Nacht und nicht wissen, wie ich da wieder heil rauskomme. Wer ist der, der mich überfällt und der Jakob überfällt und von dem wir nicht ablassen und er auch nicht von uns, bis er mich segnet und ihn, mich und ihn *berührt* und uns damit hinkend zurücklässt? Kann ich erst jetzt in den Morgen »*hinkend aufrecht gehen*«[2]? Wer solch eine Furt überquert und sich den eigenen Dämonen stellt, verlässt hinkend das Feld. Gott nicht »lassen«: Genau dies tun und es nicht zitieren.

Jakob ist kein Held. Selbst listig von der Mutter in Stellung gebracht wird er Betrüger und Betrogener. Alles entscheidet sich an dieser einen Furt, einem Ort der Identitätsfindung. Ein existenzieller ringender Gott wird spürbar, den man fast niederringen kann. Mit ihm zusammen spürt man die eigene Selbstwerdung. Wenn man diesen Gott vor der Dämmerung loslässt, steht man vor dem Nichts. Gott lässt nicht ab von einem, der sich auf ihn einlässt. Man kann Gott einiges abringen. Mit Dorothee Sölle könnte man zuspitzen: »*Gott lässt sich so intensiv ein, dass der Mensch ihn so bedrängen kann, dass er von seiner dunklen Seite ablässt. Im Gebet entsteht Segen.*

---

2   Jürgen Ebach, Der Kampf am Jabboq, in: Jabboq, Band 1, Gütersloh 2001, S. 25 f.

Ich werde Gott so lange nicht freisprechen, bis er mich segnet.«[3] Nach dem Kampf ist Jakob ein Hinkender und Gesegneter.

Am Jabboq entsteht überfallartig ein Ringkampf, bei welchem Über- und Unterlegenheit lange nicht klar sind. Gerhard von Rad hat zu diesem Text einmal formuliert: *»Ein Text, wie ein altes Haus, an dem viele Generationen herumgebaut haben.«*[4] Anfangs ein Flussdämon, dann eine Lokalgottheit und schließlich im Nachexil ein Gott, der ringt und segnet und Jakob Israel nennt. Das *Ringen* spürt man bis in die Sprache, wo es *abaq* (hebräisch) – sich verknoten, umschlingen bedeutet und wie der Flussname *Jabboq* (hebräisch: Spaltfluss) klingt. Nach dem Kampf ist Jakob ein Hinkender und Gesegneter. Es gelingt nicht zu den eigenen Bedingungen, aber es gelingt. Wer solch eine Furt überquert und sich den eigenen Dämonen stellt, verlässt hinkend das Feld.

2   Schüler*innen ringen mit Gott – ein erzähltes Beispiel aus meinem Unterricht

Fünfzehn Schüler*innen meiner Berufsschulklasse Jahrgangsstufe 10 erleben innerhalb der Frage nach Gott Jakobs Ringen am Jabboq. Ich will das Beispiel kurz erzählen und Sie so mit in den Unterrichtsprozess hineinnehmen. Dabei verzichte ich bewusst auf die genaue Beschreibung einzelner didaktischer Schritte. Nacherzählter Unterricht hält Eigentliches in Erinnerung. Die einzelnen verwendeten **Methoden** werden anschließend genau beschrieben.

Ich beginne mit einem mehrmaligen Vorlesen des Bibeltextes in unterschiedlicher Form und nehme die Schüler*innen bereits jetzt mit in den Textresonanzraum. Das ist körperliche **Textbegegnung.** Erstaunen und rätselhaftes bis schulterzuckendes Reagieren ist die Folge. Keine*r kennt den Text, doch jede*r hat schon einmal mit eigenen oder fremden Dämonen gerungen – mit Gott anscheinend nur ihr Religionslehrer. Bereits jetzt geht es auf die **Bühne.** Ein langes Seil hilft für kurze, erste Verortungen: vor der Furt, in der Furt, nach der Furt (oder: am jenseitigen Ufer, mitten im Fluss, am diesseitigen Ufer). Die Schüler*innen ordnen sich spontan zu und bleiben stehen. Die Jakobsstory (Jakob, Esau, Linsengericht, Betrug, Himmelsleiter, ...) muss jetzt kurz aufblitzen. Fragen, die auftauchen, werden im Hier und Jetzt beantwortet oder recherchiert. Das erzähle ich holzschnittartig, sehr authentisch aus meiner Erinnerung. Die Charaktere werden durch meine Gesten und

---

3   Dorothee Sölle, An der Furt, in: »Zum Gedenken an Dorothee Sölle«, hrsg. v. Wolfgang Grünberg und Wolfram Weiße, Hamburg 2004, S. 77.

4   Ruben Zimmermann, Jakobs Begegnung am Jabbok, in: Jahrbuch für Kindertheologie, Band 2, Stuttgart 2003, S. 32.

Interpretationen lebendig, Schüler*innen direkt angesprochen, sodass sie sich hier wiederfinden. Ich verwende Sätze wie: »Du Patricia, der Jakob, der war der jüngste. Und der wurde von seiner Mutter bevorzugt!« Geschwisterkonflikte, Betrügen, Mamas Liebling, Träumen, Wut und Zorn, listig sein kommen ins Spiel. Innerlich angewärmt, voller Energie folgt der Schritt in die Rollen. Ich lege nun mögliche Rollenkarten in die Mitte: Jakob, Esau, ein Fremder, Gott, Frauen, Kinder ... Die Schüler*innen wählen eine Rolle und suchen sich einen Platz. Nun interviewe ich sie: »Wer bist du?« »Was machst du hier?« ... und vertiefe damit ihre Wahrnehmung. Die anschließende **Szene** wird mit der Frage: »Mit wem musst du jetzt dringend ein Gespräch führen?« vorbereitet. Die Schüler*innen kommen im Spiel miteinander in den Austausch. Im kurzen Rollentausch sind andere Perspektiven möglich. Die jetzt entstandene eigene Erkenntnis vertiefe ich durch die **Körperarbeit,** mit der Bitte aus einer Körperhaltung heraus einen Satz zu formulieren, der sich besonders hervordrängt. Nicht in der Szene – dort wird er aktiviert und erlebt –, aber im reflektierenden Gespräch, dem Resonanzraum[5], kommt es dann aus der Distanzierung zu vertiefter Erkenntnis. Meine erkenntnisleitende Frage, die ich während des Prozesses im Hintergrund mitdenke, lautet: Wie verändert Gott die Szene? Welche Rolle spielt Gott im Leben Jakobs? Zwei Schülerinnen hatten die Rolle Gottes übernommen und im Rolleninterview wie im Rollenfeedback kommentiert: »Wer sich mit mir (Gott) anlegt, der hinkt!« »Dieser Jakob hat eine Energie!« »Jakob hätte mich beinahe niedergerungen!« »Also den Segen muss er sich schon verdienen!« »In der Rolle Jakobs war es besonders, dass man sich mit Gott anlegen, mit ihm ringen kann und dass man trotz dem ganzen ›Mist‹ einen Segen bekommt.« Ich ergänze: »Spannend ist für mich, dass aus dem Ringen eine neue Identität als Begründer eines Volkes entsteht. Dies geschieht durch eine Namensänderung von *Jakob* in *Israel.*« Wie kommt man selbst zu einer Identität? Braucht es dazu ein Außen? Braucht es dazu einen Ringkampf? Wieviel Identität steckt in deinem Namen? Wie hast du ihn bekommen? – Fragen, die arbeitsteilig in Gruppen bearbeitet wurden. »Meine Mama ist ein Außen. Sie gab mir meinen Namen!« »Bekommt man nicht durch das Wasser den Namen?« »Also nachts überleg ich mir schon öfter, wer ich bin; aber ob das Gott ist?« »Toll das Jakob einen Namen bekam, obwohl er doch soviel Mist gemacht hat!«

   »*Hinkend aufrecht gehen*«[6], das war mein Leitsatz für die ganze Unterrichtseinheit und es war auch der Satz, mit dem die Schüler*innen ihre eigenen Kämpfe, auch Niederlagen und Errungenschaften am Schluss beschrieben und miteinander ins Gespräch brachten. Aushalten musste man, dass man Kraft bekommt, aber immer auch etwas zurücklassen muss – ein Hinken erlebt! Und weiter: Ein Gott der nah

---

5   Hartmut Rosa/Wolfgang Endres, Resonanzpädagogik, Weinheim/Basel 2016, 2. Auflage.
6   Jürgen Ebach, Der Kampf am Jabboq, in: Jabboq, Band 1, Gütersloh 2001, S. 25f.

ranlässt und fremd bleibt. Eine Schülerin formuliert: »Gott kann ja ganz schön aufdringlich werden.« Lehrer: »Der will es wissen, was du willst!« Schülerin: »Aber gleich in der Nacht, wie ein Überfall?« Lehrer: »Wenn es ernst werden soll!?« Schülerin: »In der Geschichte lässt er Jakob nicht los. Der meint es ernst!«

3 Methodische Reflexionen

Lernen ist ein »*Aneignungsvorgang*«.[7] Etwas vielleicht nicht Mögliches wird zu einer Möglichkeit. Es ist ein innerer Vorgang, bei dem die Lehrkraft nie weiß, ob die Lernenden wirklich das lernen, was man ihnen beibringen möchte. Dass sie von Anbeginn eigene Konstruktionen einbringt, sollte ihr bewusst sein. Das Bibliodrama verbindet in besonderer Weise Sache und Schüler*innen. Aufgabe des*der Lehrer*in ist es, dass »wertvolle Gut« mit geeigneten Methoden als Transportmittel auf einen guten Weg zu bringen. Biblische Texte sind existenzielle Risikogüter. Auf diesem Weg rechnet man mit Unvorhersehbarem, wird überrascht und spürt vielleicht die Zumutung von Unverfügbarem.

Im Folgenden beschreibe ich vier bibliodramatische Methoden, die zugleich eine Haltung generieren: der **Text,** der in seiner Eigenständigkeit und Qualität sichtbar wird, die **Bühne** (hier der Schulraum), die ein Ort der Exploration und Möglichkeiten ist, die **Szenen,** die am Kopfkino der Schüler*innen anknüpfen und der **Körper,** der eine notwendige weitere Dimension des Lernens mitbedenkt. Alle beschriebenen Methoden brauchen eine reflektierte Praxis mit Kollegen*innen, damit sie auch jahrgangsübergreifend eingesetzt werden können. Text, Bühne, Szenen und der Körper tauchen in jeder Jahrgangsstufe auf. Die Erfahrung der Lehrkraft mit dem Blick auf ihre Klasse und der eigene erlebte Zugang zu der verwendeten Methode ermöglichen hier viel Spielraum. Der spielerische Zugang zum Entdecken von Welt in einer Grundschulklasse und die Schamgrenze des sich »Zeigens« in höheren Klassen ist sicher verschieden. Die Erfahrung zeigt, dass eine sorgfältige Leitung mit gutem Blick für die einzelnen Schüler*innen viel ermöglicht. Es ist eine Mixtur aus Behutsamkeit, eigener Freude und Kreativität. Alle Jahrgangsstufen brauchen aber gewisse Rituale und einen Weg,[8] der eine Vorstellung generiert.

---

7 Dietrich Zilleßen, Die Freiheit religiöser Didaktik, in: Peter Biehl u. a. (Hg.), Religionsdidaktik, Jahrbuch der Religionspädagogik, Band 18, Neukirchen 2002, S. 219.

8 Aldebert Heiner, in: Gottfried Adam/Rainer Lachmann (Hg.), Methodisches Kompendium für den Religionsunterricht, Göttingen 2010.

3.1 Methode Textbegegnung oder: »Wer zur Quelle gehen kann, gehe nicht zum Wassertopf!«[9]

Objektivität gibt es bei biblischen Texten nicht. Der Text ist ein Gewebe aus lebensgeschichtlichem, kulturellem und religiösem Kontext. Ihm begegnet eine heutige Schüler*innengruppe, die von sich aus ein je eigenes Hören und Aneignen von Texten mitbringt. Im digitalen Zeitalter hat dieses noch einmal eine andere Qualität. Große Erzählungen haben sich immer mehr aus ihren kulturell-sinnhaften Zusammenhängen zurückgezogen, wenn sie nicht sogar ganz aus den Bedeutungszusammenhängen entschwunden sind. Diese Entfremdung bietet eine Chance, die fremd und so anders um die Bildungsecke schaut.

Texte brauchen stets eine Erwärmung, wie ein Ritual, so wie Musiker*innen vor ihrer Probe »jamen«, um in einen gemeinsamen Swing zu kommen.

Liest man mit Schüler*innen biblische Texte oder erzählt sie ihnen, machen sie die Entdeckung, dass die Befremdung überwiegt. Kleine Erinnerungen sind vorhanden, oft vermischt in ihren biografischen Zeitpunkten. Die Äußerung: »Irgendwie kenn ich das ...!« kommt häufig. Oft herrscht auch ratlose Stille – Schulterzucken.

In mehrmaligen Textbegegnungen versuche ich, an den Zugriff der Schüler*innen, ihre Erinnerung, ihre Assoziationen anzuknüpfen. Meine Haltung, die ich vermitteln möchte: Wir hören den Text jetzt gemeinsam fast wie zum ersten Mal! Ich bin selbst gespannt, was dieser Text mit uns macht – auch mit mir als Lehrkraft. Dies darf nicht als didaktischer Kniff verstanden werden, sondern im Sinne einer Phänomenologie des »wir schauen und begegnen dem Text fast erstmalig!«[10]. Unterricht ist wie ein Krebsgang, der die Wahrnehmung verlangsamt und intensiviert. Schau genau hin! Hast du das gehört? – Es geht um ein »zäh am Staunen«.[11]

Folgende Impulse der Textbegegnung können weiterhelfen:
- Textbegegnung ist zunächst die persönliche Auseinandersetzung des Lehrers als »Prä« am »einsamen« Schreibtisch mit einer intensiven exegetischen Textkritik, die aufspürt, wahrnimmt und das Abweichende mitdenkt. Ich lasse mich bereichern von der Vielfalt, die in einem Text steckt. Ich mache mir Notizen und entdecke einen ersten Zugang, der mich neugierig macht. Daraus kristallisiert

---

9 Leonardo da Vinci (1452–1519), Quelle unbekannt.
10 »... den Schüler in eine Lage versetzen, in der das noch unverstandene Problem so vor ihm steht, wie es vor der Menschheit stand, als es noch nicht gelöst war«, in: Martin Wagenschein, Verstehen lernen, Basel 1999, S. 14.
11 Martin Wagenschein: »... zäh am Staunen«, Seelze-Velber 2002. Wagenschein charakterisierte sich selbst, indem er 1984 an Horst Rumpf schrieb: »Ich bin halt langsam im Kapieren, und zäh am Staunen!«

sich ein roter didaktischer Faden und die eigene inhaltliche Stellung zum Text filtert sich heraus. Wer es sich jetzt zeitlich leisten will, führt ein Gespräch mit einer Kollegin zu diesen Gedanken.

- Den Text lese ich den Schüler*innen im Anschluss in einer ausgewählten Übersetzung vor:
  - langsam, fast in Zeitlupe
  - mehrmals nacheinander in verschiedenen Betonungen (laut/leise/provokant)
  - die Schüler*innen werden zu einer ersten Assoziation in Form von Zwischenrufen ermuntert
  - Chorlesen
  - in verschiedenen Positionen (Platz im Stuhlkreis wechseln, aufstehen, laufen, ...)
  - erste Notizen ermöglichen
- Dann folgt eine spontane Rollenwahl und ein »aus der Rolle Sprechen«; alles geschieht noch im Sitzen. (z. B »Ich bin ... und mir fällt ein!«).
- Zu einer ersten Erweiterung der Perspektive verhilft ein kurzes Gespräch mit dem*r Nachbar*in (z. B »Was hast du erlebt«?).
- Kennt man die Klasse besser und hat Zutrauen in ihre Kreativität oder ist diese bereits mit bibliodramatischen Methoden vertraut, hört sie den Text im Gehen. Schüler*innen formulieren dazu einen eigenen Satz und unterstützen diesen mit einer kleinen Geste.
  *Tipp: Das gelingt mit Berufsschüler*innen besonders gut, wenn man ihnen mit Beispielen verdeutlicht, dass der Körper schon reagiert, bevor man etwas sagt: »Wenn dir jemand etwas erzählt, was dich langweilt, wirst du müde! Das sieht man, wenn dir die Augen zufallen.« Dieses Phänomen mache ich an meiner eignen Person sichtbar. Die Körpersprache ist den Schüler*innen durchaus vertraut, nur hinsichtlich eines biblischen Textes ist sie zunächst eher fremd.*
- Damit ein erster Resonanzraum entsteht, ist es gut, die Assoziationen anzureichern: zunächst allein, dann in Kleingruppen (von zwei bis drei Personen). Die Regel lautet: »Höre dem anderen zu, nimm wahr und bewerte nicht. Formuliere neutral, was dir auffällt.«

3.2 Die Bühne oder das Klassenzimmer als kleines Theater

Der Gang in ein Klassenzimmer ist der Gang in ein kleines Theater, ein Aufführungsort mit unterschiedlichen Inszenierungsinstallationen. Allein der Weg vom Lehrerzimmer in das Klassenzimmer – der kurze Wechsel von Raum zu Raum – schafft neue Inszenierungsorte. Schüler*innen erleben das, wenn sie aus den Pausenbereichen wie-

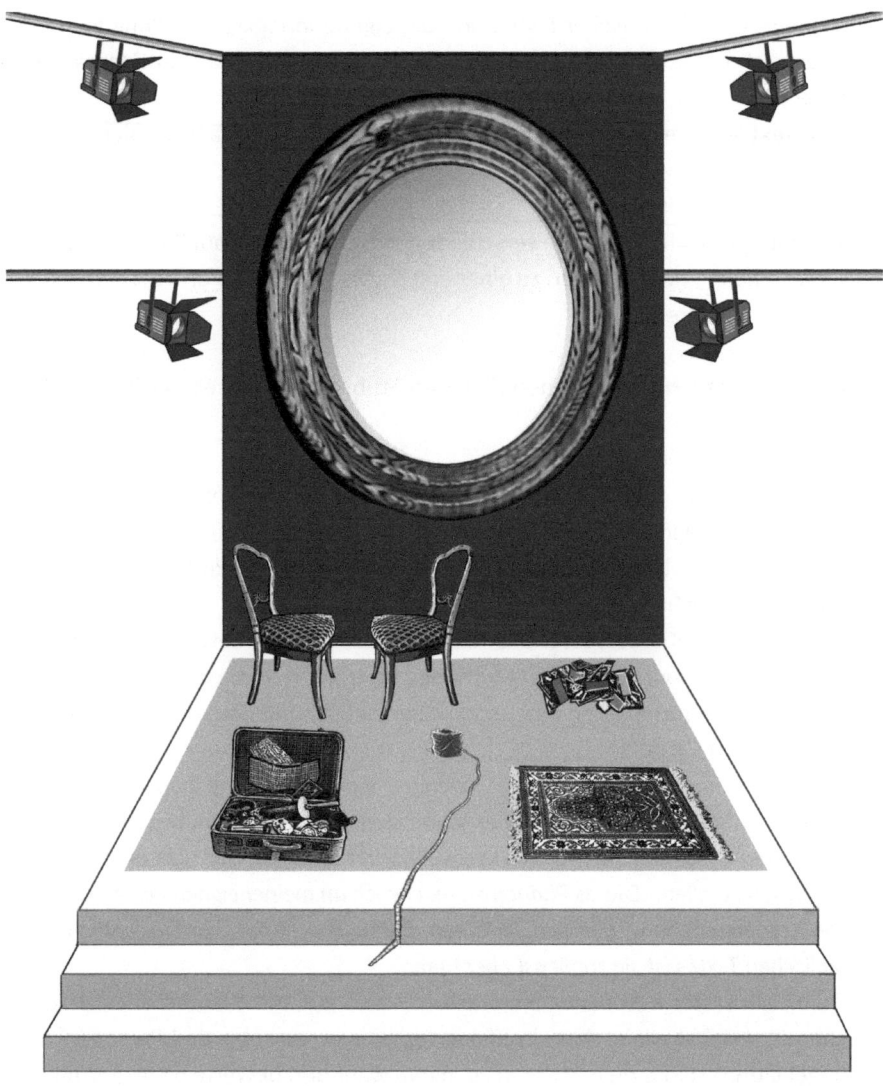

der in den Lern(-bühnen-)raum kommen. Die oben abgebildete Bühne[12] zeigt, was in einem Klassenraum sein kann. Dort wird durch den Text und die intensive Begegnung mit ihm wie in einem *Spiegel* Erkenntnis möglich. Anreicherndes, oft schon vorhandenes *Material* kann beflügeln oder das Hineinschlüpfen in die Rolle erleichtern. *Stühle* ermöglichen Gespräche und suchen das Gegenüber. *Seile* auf dem Boden differenzieren, trennen und positionieren. *Scheinwerfer* fokussieren eine bestimmte Szene.

---

12 Bild von Dieter Breuksch, Dipl. Religionspädagoge Schwaben. www.mpak-s.de.

Szenisches Arbeiten im Unterricht benötigt einen nochmals abgegrenzten Raum. Das kann ein Teppich oder ein bestimmter Abschnitt im Klassenzimmer sein. Selbst wenn die Möglichkeiten sehr begrenzt sind, hilft es, den Ort am Schülertisch, den kleinen Nebenabstand als Bühne zu entdecken. Auf dieser Bühne wird die innere Ansicht eines*r Schüler*in zu seiner*ihrer Rolle im Text zu etwas, das ihn*sie berührt. Die Bühne ist der Raum der Möglichkeiten, der Ideen und Einstellungen.[13] Letztlich kann man eigene Entwürfe ausprobieren, ohne bewertet zu werden. Die Bühne ist ein besonderer Lernort der Experimente, die im Nachgang noch einmal aufgerufen werden. Wichtig ist immer, den Wechsel von Klassenraum und Bühne deutlich auszusprechen und diesen Lernort später noch einmal in einer Reflexionsphase nach Erkenntnissen zu untersuchen. Die Bühne als Lernort zeigt klare Schritte für den Unterricht. Dort findet nach einer Erwärmung mit einer ersten Ausgangsfrage oder Anforderungssituation eine Begegnung mit einem Text statt, in dem über die Rollenwahl und mögliche Informationen durch das Rolleninterview eine Auseinandersetzung möglich wird. Durch das bewusste Entrollen mit dem Verlassen der Bühne ist eine Reflexion notwendig.

3.3 Kopfkino aktivieren oder Szenisches Arbeiten:

J. L. Moreno hatte sein Psychodrama durch die Beobachtung des praktischen Alltags entwickelt. Das Spiel der Kinder, ihr Spieltrieb schulte sein szenisches Auge. Lernen geschieht im Handeln, in der Tat; spontan und kreativ – in Szenen. Es beginnt sehr einfach. So zum Beispiel: Wer die Wahrheit eines leckeren Kuchens erkunden möchte, sollte ihn probieren. Die Süße eines Apfels schmeckt man beim Essen. Die Konsequenzen eines Kusses fühle ich, wenn ich ihn wage. Erst jetzt kann man die Bedeutungen aufgrund der eigenen Erfahrungen dieser Zusammenhänge reflektieren, sie einordnen oder neu differenzieren. Der Apfel, der Kuchen, der Kuss – bevor man von ihm gehört hat, ihn gesehen zu haben und zu spüren wie er wirkt, nachdem man geschmeckt und gefühlt hat. Dazwischen noch, wie es dazu gekommen ist, dass ich es tat, fühlte, schmeckte. Selbst viele Wörter haben eine szenische, fast schon körperliches Resonanz: Standpunkt, Begreifen, Zupacken, Sichtweise. Selbst das einfache Wort »Geschichten« steckt voller Aktion: Schicht, Sicht, Sehen.

Im schulischen Alltag sind meist nur kurze Szenen (Vignetten) möglich. Sie bestehen oft nur aus einer Momentaufnahme. Diese Vignetten bringen ein kurzes Gespräch auf die Bühne. Manchmal ist es auch so, dass man im Spielgeschehen innehält und einen spielerischen Aspekt noch einmal neu betrachtet und ihn heraus-

---

13 Allein diese innere Vorstellung ist für den*die Lehrer*in zielführend. Der Lernraum ist auch eine Bühne.

hebt. Man nutzt Vignetten, um unterschiedliche Erfahrungen und Sichtweisen zu einem Thema in relativ kurzer Zeit auf die Bühne zu bringen (z. B »Was geht Jakob gerade durch den Kopf?«). Für den*die geschulte*n Bibliodramaleiter*in gibt es an dieser Stelle viele Interventionsmöglichkeiten – wie die Szene verlangsamen (Zeitlupe), eine Szene »nur« körperlich spielen, das Einfrieren einer Szene. Im Normalfall ist es in einer Schulstunde notwendig, einen Szenenaufbau vorzugeben (vor der Furt, mitten in der Furt, nach der Furt). Spannend ist es aber dennoch mit Schüler*innen einmal eine ganze Stunde dazu zu verwenden, die Bühne in ihren Szenen zu organisieren. Es entsteht eine Miniatur in ihrer energetischen Bezogenheit. Erst dann kann man zur Rollenwahl übergehen. Der gemeinsame Szenenaufbau dient dabei als Erwärmung für die Geschichte. Einfühlung zeigt man, wenn man einzelne Schüler*innen doppelt: »Zusammen ist man weniger allein«[14] Es ist eine Unterstützung, eine Begleitung. Jedoch sollte man wissen, dass es eine Technik der Innerlichkeit ist, welche äußere Prozesse entschleunigt oder wieder in Gang setzt.

Wichtig ist es nach einer Szene wieder aus den Rollen und aus dem Szenenaufbau herauszutreten. Dafür sollte man sich Zeit nehmen, entspannt und witzig die Schüler*innen nach ihrem Namen fragen, gehen, sich schütteln und eine knappe Pause einlegen. Erst dann ist in klarer Struktur eine Reflexion möglich, die ich besonders mit dem Rollenfeedback und möglichen Erkenntnissen in der Rolle verbinde. Es geht um Rückkehr zur eigenen Person und ihren Fragen. Entscheidend ist darum am Ende der Rückblick auf die Ausgangsfragen. Am Ende steht der Eintrag ins Logbuch, das wie ein Lerntagebuch funktioniert. Man verortet wie ein Kapitän seinen Kurs, sucht neue Wege, notiert eigene Wahrnehmungen. Im Rückblick hilft es der Erinnerung, die Neues entfalten kann. Dazu brauchen Schüler*innen Zeit und nach gewissen Zeiten einen gemeinsam Ausstauch in der Klasse.

3.4 Körperarbeit – ein eigenes Wissen

Körperarbeit ist im Bibliodrama eine Haltung, die Lehrer*innen und Schüler*innen bewusst werden lässt, dass der Körper eigenes Wissen mitbringt. Er ist mehr als ein Anhängsel meiner Seele.

Geht es der Seele[15] nicht gut, sollte der Mensch auf sie hören. Beizeiten kann es dann sein, dass der Körper als Resonanzraum, als Aufführungsort der Seele diese Befindlichkeit deutlicher zum Vorschein bringt. Es ist ein Wechselspiel. Für unseren

---

14 Anna Gavalda, Zusammen ist man weniger allein, Frankfurt 2008.
15 An dieser Stelle sei nur auf das wunderbare Buch von Christof Gestrich, »Die menschliche Seele«, Tübingen 2019 verwiesen. Oft werden in der Diskussion Körper, Seele, Leib unterschiedlich verwendet. Ich verwende hier den Körper, der im Vollzug »Körperarbeit« methodisch und didaktisch gemeint ist.

didaktischen Zusammenhang ist nun aber nicht so sehr die Psychosomatik bedeutsam, sondern die Vorstellung, dass sich jeder Körper in einem Klassenzimmer seinen Raum nimmt oder ihn sich gerade nicht nehmen kann. Körper sind Räume, in denen sich in allen Poren zeigt, was in ihnen hervorscheint. Der Körper hat seine ganz eigene Sprache, in der Schüler*innen uns viel erzählen. Die Müdigkeit eines*r Schüler*in rührt manchmal nicht von wenig Schlaf, sondern es ist die dauernde Gleichzeitigkeit der Eindrücke, die ermüdet. Viele Schüler*innen bringen eine Überforderung mit, die gern in Langweile mündet, weil man keinen echten Kontakt zu sich und anderen herstellen kann. Was dann dem*der Lehrer*in auch schwer gelingt!

Es gibt heute viele Bereiche einer »berührungslosen Gesellschaft«[16], in der Schüler*innen und Lehrer*innen gemeinsam ihr Lernen gestalten, die mehr die »Kniefreiheit« oder in digitalen Räumen die Unberührbarkeit kultivieren, zugleich aber den Körper besonders nah zeigen – zum Greifen nahe! In einer alternden Gesellschaft wie in der gegenwärtigen #Me-too-Debatte bekommt das Thema nochmal eine zusätzliche Wendung. Für den didaktischen Alltag gilt: den Körper als eine Spur zu erfühlen und zu verstehen. Ihn als Medium mit einer eigenen Sprache verstehen.

Der Körper ist unterschiedlich raumgreifend. Er sieht, hört, spricht, tastet, riecht und spürt. Die Melodie einer Stimme ist die Stimmung, in der ein*e Schüler*in steckt. Die verschränkte Haltung eines*r Schüler*in ist sein*ihr Signal: Gibt mir bitte etwas Zeit. Man kann die Signale nützen, um einfühlend ein kleines Feedback oder eine weitere Idee mitzugeben. Es reicht oft, die eigene Wahrnehmung weiterzugeben, um einen nächsten Schritt zu ermöglichen.

Im doppelten Sinne ist Körperarbeit immer: »Das rührt mich an!«[17] Es ist eine Übung zu mehr Sinnlichkeit und Empfindsamkeit, bei der nicht gezählt und gerechnet wird. Vielmehr ist der Vollzug das Wunderbare. Aber darin steckt schon die Idee, dass Körperarbeit im Bibliodrama etwas Voraussetzungsloses, nicht Effizientes, Messbares fördert. Wenn man so will: Evangelium.

---

16 Elisabeth von Thadden, Die berührungslose Gesellschaft, München 2018. Das Buch wurde vor der Coronapandemie verfasst und beschreibt sehr eindrücklich, was sich durch die Pandemie verstärkt hat.

17 Gut ist es, den Begriff des Körpers durch den Begriff des Leibes zu erweitern. Beispiel: Beim autogenen Training oder einer Meditation spürt man selten die knochige Gliederung der fünf Finger; jedoch spürt man eigene Wärme. Liegt man mit seinem Körper in der Hängematte am Strand, dann dehnt sich der Körper aus und man fühlt fast die ganze Welt. Es ist von daher immer gut, dem Gefühl nachzugehen, das ich ein Leib bin, darin bin ich zu Hause und der Körper ist der gute Raum, der mir Schutz und Handlungsfähigkeit schenkt. Erst dann bin ich beim Arztbesuch ein*e »mündige*r Patient*in«.

Epilog

Räume der Freiheit zu schaffen, in denen man sich selbst in Begegnung mit der Sache der Bibel erkundet, das ist mein didaktisches Ziel, damit Schüler*innen ihre Möglichkeiten und ihre Weltzugewandtheit erproben können. Sie erproben Verhaltensweisen und Glaubensmodelle. Biblische Texte bieten einen Tiefgrund an Wissen, der über bibliodramatische Methoden und ihre dahinterliegenden Haltungen die Möglichkeit bietet, sich ein eigenes Bild von dieser Welt zu machen.

Literatur

Ebach, Jürgen, Biblische Miniaturen, Göttingen 2011

Ebach, Jürgen, Der Kampf am Jabboq, in: Jabboq, Band 1, Gütersloh 2001

Gavalda, Anna, Zusammen ist man weniger allein, Frankfurt 2008

Gestrich, Christof, Die menschliche Seele, Tübingen 2019

Rosa, Hartmut/Endres, Wolfgang, Resonanzpädagogik, Weinheim/Basel 2016, 2. Auflage

Sölle, Dorothee, »An der Furt«, in: »Zum Gedenken an Dorothee Sölle«, hrsg. v. Wolfgang Grünberg und Wolfram Weiße, Hamburg 2004

von Thadden, Elisabeth, Die berührungslose Gesellschaft, München 2018

Zilleßen, Dietrich, Die Freiheit religiöser Didaktik, in: Peter Biehl/Christoph Bizer/Roland Degen/Norbert Mette/Folkert Rickers/Friedrich Schweitzer (Hg.), Religionsdidaktik, Jahrbuch der Religionspädagogik, Band 18, Neukirchen 2002

Zimmermann, Ruben, Jakobs Begegnung am Jabbok, in: Jahrbuch für Kindertheologie, Band 2, Stuttgart 2003

Wagenschein, Martin, »... zäh am Staunen«, Seelze-Velber 2002

Outro

Silvia Hadem-Staab

Bei der Lektüre dieses Methodenbuches sind Sie nun fast am Ende angekommen. Wenn der Funke übergesprungen ist, wünschen Sie sich eventuell mehr eigene (Spiel- oder Leitungs-)Erfahrung mit dem Bibliodrama. Vielleicht fühlen Sie sich aber im Moment ausreichend informiert und legen diese Lektüre erst einmal auf den Stapel der gelesenen Bücher, über deren weitere Verwendung noch nicht entschieden ist.

Nach der Begegnung mit den Erfahrungen der Autor*innen öffnet sich ein weites Feld. Wenn Sie sich entscheiden, weitere Erfahrungen mit dem Einsatz von Bibliodrama im Unterricht machen zu wollen, ist der Weg dahin allein oder in der Gruppe möglich.[1]

1 Monodramatische[2] Begegnung: Ich und der Text

1.1 In der Anwärmung mit dem fremden Text meine FRAGE finden

Sie haben einen biblischen Text ausgewählt, mit dem Sie in Ihrem Unterricht bibliodramatisch arbeiten wollen. Jeder Text bildet ein über viele Jahre gewordenes Ganzes, dessen Form und Inhalt Veränderungen erfahren hat. Jetzt treten Sie ihm gegenüber. Der Eintritt in diesen Text-Raum geschieht über das Lesen und Wahrnehmen des Textes und die Resonanz, die er bei Ihnen auslöst. Eine erste Begegnung, wenn man so will, bei der die fremden Worte mich berühren und ich mich ihnen nähere. Erste Assoziationen, Gedanken, Neugierde, Irritationen entstehen und werden festgehalten. Wo bleibe ich mit den Gedanken, Gefühlen hängen? In welche Richtung geht mein Interesse (an einer Person, einem Thema)? Gibt es eine erste Frage, die mir die Richtung weist?

Zu dieser inneren Begegnung – ICH und der Text – müssen weitere dazukommen, damit ich im biblischen Text nicht nur mir selbst begegne.

---

1   Weitere Informationen finden Sie z. B hier: www.bibliodrama-gesellschaft.de, www.rpz-heilsbronn. de.

2   Monodrama ist die Anwendung von Psychodrama im Einzelsetting, wobei das Ziel ist, innere Prozesse nach außen zu bringen und sie damit sichtbar und veränderbar zu machen, siehe Paul Holmes, »Inner World Outside«, in: Christian Stadler, Monodrama, Stuttgart 2020, S. 9.

1.2   (M)Eine ROLLE im Text finden

Geleitet vom eigenen Interesse erweitert sich der innerste Kreis der Begegnung durch eine Rollenübernahme. Es ist reizvoll, nach der ersten Annäherung und Anwärmung das Geschehen aus der Perspektive einer Person im Text wahrzunehmen. Lasse ich mich einnehmen und verwickeln, gebe ich meine sichere Distanz und Unabhängigkeit auf? Welchen ersten Standpunkt wähle ich? Wem möchte ich begegnen und wem nicht? Wie komme ich in (innere) Bewegung?

Diese Art der Texterschließung ist nicht objektiv – wissenschaftlich – distanziert, sondern bewusst subjektiv und von meiner persönlichen Wahrnehmung geprägt. Sie will den Graben zwischen der Zeit im Text und der Gegenwart überbrücken. Daraus erwächst die Möglichkeit, persönlich berührt zu werden und so die Relevanz des Textes für das eigene Leben zu erfahren. In der monodramatischen Begegnung bei der Vorbereitung des Unterrichtes könnte man mindestens in **eine** weitere Rolle wechseln, um eine zusätzliche Perspektive zur Verfügung zu haben. Jede Rolle sollte im Monodrama durch einen Stuhl, einen Namenszettel, einen Gegenstand markiert werden, sodass klar ist, wann und wo ich mich in welcher Rolle befinde. Wichtig ist auch, nach jedem Rollenwechsel bewusst auf den eigenen Platz zurückzukehren und die fremde Rolle abzustreifen.

2   Textbegegnung in der Gruppe: WEITER RAUM

Vielfältige, authentische Bibliodramaerfahrungen, geprägt durch die Interaktion verschiedener Spieler*innen, können am besten innerhalb einer Gruppe von interessierten Mitspieler*innen (Kolleg*innen) gemacht werden. Das ist der zweite Weg der Texterfahrung.

Alle im Buch beschriebenen Methoden profitieren von einer mit Kollegen*innen reflektierten Praxis des Erspielens eines Textes. Die Gruppe hat den Vorteil, dass man sich der Leitung der Gruppe anvertrauen und so noch mehr den eigenen Resonanzen nachspüren kann. Die Interaktion mit den Anderen inspiriert und eine gemeinsame Energie entsteht.

Konkret folgen Schritte wie das Lesen des Textes, eine Rollenwahl und schließlich das Spiel einer kleinen Szene, wobei vor allem bei kurzen Formaten Strukturierungshilfen gegeben werden müssen (s. u.).

Die Gruppe bewegt sich zwar immer noch im Bereich der subjektiven Interpretation, im Vergleich zu den vorangegangenen Schritten kommt hier aber ein DU ins Spiel. Welche Themen tauchen jetzt auf? Wie entwickeln sie sich? Welche Perspektive im Text erscheint vertraut, welche fehlt? Bibliodrama ist ein bibeldidaktisches Verfahren, es »zielt [...] *auf die wechselseitige Auslegung von Lebenssituation und Bibeltext und ist dabei von den Voraussetzungen und Möglichkeiten der biblischen Texte, [...] der Teilnehmenden – sowohl als Individuen als auch als Gruppe – und der Qualifikation der Leitenden mit ihrer Methoden- und Reflexionskompetenz abhängig.*«[3] Hier werden Voraussetzungen genannt, die sowohl ermöglichen als auch begrenzen können: Lebenssituation der Teilnehmenden, Reflexionskompetenz der Leitenden. Bibliodrama fördert den Aufbau unterschiedlicher Kompetenzen auch auf Lehrer*innenseite. Je mehr eine Lehrkraft Bibliodrama erlebt und reflektiert hat, desto offener kann sie für den Prozess sein, desto freier kann sie methodisch auf das reagieren, was durch die Spieler*innen entsteht.

Wechselseitige Auslegung bedeutet, dass ich mich vor allem auf der Gefühlsebene öffne und zulasse, dass der Text mich anspricht. Aus der Fülle meiner Lebenserfahrungen tauchen diejenigen auf, die emotional »verwandt« sind mit den Erlebnissen der Textpersonen. Bibeltexte beinhalten stets eine (Be-)Deutung für jemanden zu einer bestimmten Zeit, die mich mein eigenes Leben in einem neuen Licht sehen lässt.

Durch Identifikation und Projektion entsteht eine Beziehung zwischen den Rezipient*innen und dem Text. Persönliches Berührtsein kann sich (auch im Unterricht) zeigen. Als Lehrer*in sollte ich damit professionell umgehen können und Respekt vor der Methode und ihrer Wirksamkeit haben, jedoch keine Angst und darauf vertrauen, dass sich nur so viel zeigt, wie auch aufgefangen werden kann.

Nach der Rollenübernahme und dem Spiel auf der Bibliodramabühne sollten alle Beteiligten bewusst aus ihren Rollen schlüpfen und in die eigene Identität zurückwechseln. Die Spieler*innen kehren im Hier und Jetzt in das soziale Gefüge der Gruppe zurück. Feedbackrunden ermöglichen es, Erlebtes mitzuteilen. Durch die Vielzahl der Perspektiven wird noch einmal deutlicher, welche Erkenntnisse ich aus dem Spiel mitnehme.

3   Der Text in theologischer Perspektive: der Raum in seiner TIEFE

Ein weiterer Kreis des Verstehens rund um die ersten subjektiven Begegnungen öffnet sich durch die Beschäftigung mit Entstehung, Redaktion und Tradierung des Textes. Unter Einbeziehung exegetischer Forschungsergebnisse nehmen Tiefe und Vielfalt der Aussagen noch einmal zu. Oft ergeben sich interessante Kontraste zu den subjek-

---

3   Holger Dörnemann, Bibliodrama, 2020, WiReLex, https://www.bibelwissenschaft.de/stichwort/200277/.

tiv erlebten Aspekten. Facetten unterschiedlicher Gottesbilder korrespondieren mit politischen Veränderungen. Inhalte der Lehrerbildung und religiöse Einstellungen geraten in einen Disput miteinander. Man arbeitet sich aneinander und am Text ab. Oft gibt es am Ende dieser Phase mehr Fragen als am Anfang.

Die Erfahrung, dass objektive Wissenschaft und subjektives Spielerleben einen weiten Horizont ermöglichen, stärkt bei der Lehrkraft die Offenheit für die Anfragen der Schüler*innen. »*Eine Bibliodramaarbeit, die das historische Wissen [...] nicht übergeht, die bei aller ›Identifikation‹ mit den Gestalten und Dingen biblischer Geschichte nicht die Distanz vergisst [...] und die sich [damit, Anm. d. Verf] um die Rücknahme von Projektionen bemüht*«[4], entkräftet den Vorwurf der Psychologisierung des Textes. Die eigene Stimme tritt etwas zurück, sie ordnet sich ein in den Chor der Stimmen, die zu allen Zeiten Sinn und Bedeutung in biblischen Texten zu finden versuchten.

4   Didaktische Entscheidungen

Die Lehrkraft vergegenwärtigt die Lernvoraussetzungen der Schüler*innen im eigenen Unterricht und entscheidet, welche Themen des Textes entfaltet und vertieft werden. Eine Szene aus dem Text, die den Schüler*innen vielfältige und interessante Begegnungen verspricht, wird ausgewählt.

In den Praxisbeispielen dieses Buches wird deutlich, dass entweder die Schüler*innen ihre eigenen Fragen formulieren oder die Lehrkraft zum Lernstand der Klasse passende Inhalte sucht, um schließlich auch eine methodische Auswahl treffen zu können. In den vorgestellten Unterrichtssequenzen geht es weniger um komplette Bibliodramaspiele, sondern eher um die sinnvolle Verwendung einzelner, aufeinander bezogener Methoden im zeitlich begrenzten Rahmen von Unterrichtseinheiten. Die Ablaufstruktur des Bibliodramas in fünf Schritten (vgl. Vorwort) darf gern im Unterricht beibehalten werden, wenn die Zeit es hergibt, sollte jedoch höchstens auf drei Schritte (Anwärmung – Aktion – Reflexion) reduziert werden. Für die Anwendung einer bibliodramatischen Methode, z. B der Seilarbeit, kann es als Anwärmung ausreichend sein, wenn die Lehrkraft selbst sich an einige Punkte des Seiles stellt und von deren Bedeutung innerhalb der beiden Außenpunkte erzählt. So ereignet sich, angefangen bei der subjektiven Verwicklung hin zur analytischen Wahrnehmung des Textes, immer wieder Annäherung und Distanzierung.

---

4   Carsten Mork, Das Theater mit der Bibel – Bibliodrama in der Gemeindearbeit, https://www. rpi-loccum.de/material/pelikan/pel2-99/biblio, Anmerkung 5.

5 Strukturierungshilfen: Orientierung im weiten Raum

Mit dem Blick auf die Schüler*innen und die für sie relevanten Themen wird eine Szene aus dem Text gewählt, in der Verlebendigung und Begegnung attraktiv und möglich erscheinen. Es ist hilfreich, ein Angebot der Strukturierung zu machen, damit Schüler*innen in das Textgeschehen einsteigen können und eine Vorstellung vom Weg durch den Text entwickeln. Requisiten wie ein Seil, ein Tuch, Stühle oder Zettel markieren z. B.

- drei Orte/drei Zeiten (vor der Szene – während der Szene – nach der Szene),
- Eigenschaften einer Figur mit ihren Persönlichkeitsaspekten,
- Stationen des Textgeschehens.

und geben Anhaltspunkte für den Prozessablauf. Wenn drei Orte markiert sind, spielt sich an einem von ihnen die Hauptszene ab und es gibt einen Weg dorthin (»vorher«) und einen Abschluss/Blick in die Zukunft (»nachher«).

Nach dieser Szene müssen die Erfahrungen der Schüler*innen reflektiert werden. Sie sind die Grundlage für weiteres Lernen.

6 Fazit: Was leisten die Methoden im Bibliodrama?

Bibliodramatische Methoden sind auf alle Jahrgangsstufen übertragbar

Unsere These ist: Bibliodramatische Methoden sind grundsätzlich jahrgangsübergreifend. Textarbeit, Bühne, Körperarbeit und Szenen sind in ihren Ebenen in allen Altersstufen einsetzbar. Erfahrung mit bibliodramatischen Methoden, die eigene Haltung und die Kenntnis der eigenen Lerngruppe mit ihren Spielstilen in ihren Entwicklungsstufen sind entscheidend.

Für Kinder der Grundschulzeit ist das Spiel, auch das freie Spiel, eine gute Aneignungs- und Ausdrucksmöglichkeit. Durch Imagination, Rollenübernahme und körperliche Darstellung findet mehrperspektivischer Zugang zur Welt statt. Grundschulkinder haben Freude an der Verwandlung, mit ein paar Accessoires sind sie eine andere Person (aus dem Text) und erschaffen kreativ und spontan ein eigenes Rollenskript. Kinder dieser Altersgruppe denken oft spielerisch und finden dadurch schnell und unkompliziert in ihre Rolle. Die Chance einer Rollenübernahme ist es, die Fähigkeit zum Perspektivwechsel weiterzuentwickeln und neue Vorstellungen zu generieren und ihr Handlungsrepertoire zu erweitern. Kinder nehmen in der Rolle von Erwachsenen bereits Handlungsoptionen vorweg und erfahren sich selbstwirksam.

Schüler*innen höherer Jahrgangsstufen brauchen intensive Anwärmung[5] – der Anfang ist die Hälfte des Ganzen –, mutmachende Begleitung in die Szenen hinein, eine Prise Humor und Transparenz in der Methode, die Vertrauen schafft. Der körperliche Ausdruck ist vordergründig und lebensgeschichtlich eher schambehaftet. Die Leichtigkeit und Ungezwungenheit, sich szenisch auszudrücken, braucht Modelle, die Raum geben, Eigenes zu entfalten.

6.2 Bibliodrama – ein Bildungsgeschehen

Methoden im Bibliodrama beschreiben Wege zum biblischen Text und durch den Text. Sie setzen den Rahmen für individuelle Lern-Um-Wege in der Interaktion mit anderen und ermöglichen eine gemeinsame Textauslegung. Das Spiel ist die rechte Weise, den Text in seiner Erfahrungsrelevanz ernst zu nehmen.

Schüler*innen heute haben wenig Wissen von und wenig Erfahrung mit biblischen Inhalten. Neben dem Wissenserwerb können bibliodramatische Methoden wichtige Erfahrungen vermitteln:

- Sie spannen einen **Bogen** zwischen **der Zeit** des Textes und der Gegenwart und lassen den »garstigen Graben« überwindbar erscheinen.
- Sie fördern die **persönliche** Auseinandersetzung mit einem Text. Sie fordern heraus, eigene Fragen zu formulieren und sich auf einen individuellen Lernweg zu begeben. Lernen geschieht nicht als Vermittlung, sondern durch die Konstruktion eigener Bilder als subjektorientiertes und selbstgesteuertes Lernen.
- Sie **aktivieren.** In Bewegung kommen, einen Standpunkt beziehen und eine neue Sicht gewinnen bedeutet auch, andere/fremde Gefühlsqualitäten kennenzulernen. Durch Rollenübernahme ist es möglich, die Fähigkeit zum Perspektivwechsel anzuregen und auf diese Weise Impulse für die persönliche Weiterentwicklung zu setzen. Bibliodramatische Methoden fördern die Kommunikation und Reflexion dieser Erfahrungen. Auf dieser Grundlage kann neues Wissen generiert und mit dem Vorhandenen verknüpft werden.
- Das Spiel ist eine gute **Aneignungs- und Ausdrucksmöglichkeit** auch für Ungewöhnliches, Dunkles, Bedrohliches. Imagination, Rollenübernahme und körperliche Darstellung bieten Ebenen des Nachdenkens und Deutens. Eigene Wünsche und Bedürfnisse werden wahrgenommen und anschließend reflektierend versprachlicht. Gleichzeitig findet ein Abgleich des Beobachteten mit der eigenen Vorstellung statt – eine wichtige Orientierung auf der Ebene des Selbst- und Sozialbezugs.

---

5 Methoden, die eine Begegnung mit sich, dem anderen, dem Raum und dem Text ermöglichen wie: Vertrauensspiele mit einem*r Partner*in/der Gruppe, Varianten des Raumlaufes, Schlüsselbegriffe des Textes körperlich erkunden.

- Sie lassen erfahrbar werden, dass **das, was ist, nicht alles ist.** Bibliodramatische Methoden können entstehen lassen, worauf wir im Glauben hoffen, was noch nicht zu sehen ist und es kann **»als ob«** erlebt werden. Das ermutigt, stärkt und macht kompetent für ein gutes Leben.

Bibliodrama ist ein Bildungsgeschehen. Seine Methoden nutzen die Individualität der Schüler*innen, des Textes und der Lehrkraft und lassen einen Experimentierraum des Menschwerdens im Angesicht Gottes entstehen.

Literatur

Dörnemann, Holger, Bibliodrama, 2020, WiReLex, https://www.bibelwissenschaft.de/stichwort/200277/

Mork, Carsten, Das Theater mit der Bibel – Bibliodrama in der Gemeindearbeit, Loccumer Pelikan 2/1999, https://www.rpi-loccum.de/material/pelikan/pel2-99/biblio

Stadler, Christian, Monodrama, Stuttgart 2020

Über die Autor*innen

v. l. n. r.: Bernd Paulus, Johannes Wirsing, Michaela Ströbel-Langer, Silvia Hadem-Staab, Simone Sichert

Silvia Hadem-Staab, Dipl.-Religionspädagogin (FH), Psychodramaleiterin, Supervisorin (DGfP), Religionslehrerin am Gymnasium, Fachberaterin für die Ausbildung von Religionspädagog*innen im Vorbereitungsdienst

Bernd Paulus, Dipl.-Religionspädagoge (FH), Psychodramaleiter, Supervisor (DGfP), Religionslehrer an beruflichen Schulen, Fachberater für die Ausbildung von Religionspädagog*innen im Vorbereitungsdienst

Simone Sichert, Lehrerin mit Vocatio an der Grundschule

Dr. Michaela Ströbel-Langer, Konrektorin mit Vocatio an der Grundschule, Theaterpädagogin BUT, Psychodramaleiterin, Supervisorin (DGfP), Lehrbeauftrage, 2. Vorsitzende PAKS (Pädagogischer Arbeitskreis Schultheater in Bayern)

Johannes Wirsing, Schulamtsdirektor i. R.